课本里的作家

课本里的作家

吴伯箫散文选：

记一辆纺车

吴伯箫 / 著

中学语文同步阅读
八年级
彩插精读版

山东教育出版社
·济南·

图书在版编目（CIP）数据

吴伯箫散文选：记一辆纺车 / 吴伯箫著 . — 济南：
山东教育出版社，2023.7（2023.8 重印）
（爱阅读·课本里的作家）
ISBN 978-7-5701-2508-1

Ⅰ．①吴… Ⅱ．①吴… Ⅲ．①阅读课—初中—教学参
考资料 Ⅳ．①G634.333

中国国家版本馆 CIP 数据核字（2023）第 070351 号

WU BOXIAO SANWEN XUAN：JI YI LIANG FANGCHE

吴伯箫散文选：记一辆纺车

吴伯箫　著

主管单位：山东出版传媒股份有限公司
出版发行：山东教育出版社
　　　　　地址：济南市市中区二环南路 2066 号 4 区 1 号　邮编：250003
　　　　　电话：（0531）82092600　　　　网址：www.sjs.com.cn
印　　刷：天津泰宇印务有限公司
版　　次：2023 年 7 月第 1 版
印　　次：2023 年 8 月第 2 次印刷
开　　本：700 mm × 1000 mm　1/16
印　　张：13
字　　数：156 千
定　　价：39.80 元

灯笼

每每想起小时候在村里上灯学，要挑了灯笼走去挑了灯笼走回的事，便深深感到怅惘。

天下第一山

　　去黄洋界的路上，五里横排那里，有一棵槲树，当年毛泽东同志同战士一道挑粮，从小路盘山上来，曾在那棵树下歇肩。现在那棵树依旧叶密荫浓，挺拔旺盛。

一个人跑到远离市镇的海滩，去躺在干干净净的沙上，晒太阳，听海啸，无目的地期待从那里开来的一只兵舰，或一只商船；悄悄地玩味着那船头冲击的叠浪，烟囱上掠了长风飘去的黑烟。

海

窑洞风景

这种住处的特点是：自带围墙，牢固，安全，又不占耕地。窑洞的顶上一点也不妨碍耕种或者走路。清朝沈琨的《过陕》一联说："人家半凿山腰住，车马都从屋上过。"我看写的是相当真实的。

白天，太阳暖暖的，晒得海滩上的沙也暖暖的，有赤脚的孩子在捡贝壳，在弄轻轻拍岸的潮水。

『火焰山』上种树

下了雨他就栽树，不下雨他就给树根培土，务庄稼以外的空闲时间，你老见他在树行里转来转去，摸摸这棵树，又看看那棵树，手里不是斧头就是锄头，有时连饭都忘了吃。

总序

北京书香文雅图书文化有限公司的李继勇先生与我联系，说他们策划了一套《爱阅读·课本里的作家》丛书，读者对象主要是中小学生，可以作为学生的课外阅读用书，希望我写篇序。作为一名语文教育工作者，在中共中央办公厅、国务院办公厅印发《关于进一步减轻义务教育阶段学生作业负担和校外培训负担的意见》（以下简称"双减"）的大背景下，为学生推荐这套优秀课外读物责无旁贷，也更有意义。

一、"双减"以后怎么办？

"双减"政策对义务教育阶段学生的作业和校外培训作出严格规定。我认为这是一件好事。曾几何时，我们的中小学生作业负担重，不少学生不是在各种各样的培训班里，就是在去培训班的路上。学生"学"无宁日，备尝艰辛；家长们焦虑不安，苦不堪言。校外培训机构为了增强吸引力，到处挖掘优秀教师资源，有些老师受利益驱使，不能安心从教。他们的行为破坏了教育生态，违背了教育规律，严重影响了我国教育改革发展。教育是什么？教育是唤醒，是点燃，是激发。而校外培训的噱头仅仅是提高考试成绩，让学生在中高考中占得先机。他们的广告词是"提高一分，干掉千人"，大肆渲染"分数为王"，在这种压力之下，学生面对的是"分萧萧兮题海寒"，不得不深陷题海，机械刷题。假如只有一部分学生上培训班，提高的可能是分数。但是，如果大多数学生或者所有学生都去上培训班，那提高的就不是分数，而只是分数线。教育的根本任务是立德树人，是培根铸魂，是启智增慧，是让学生的德智体美劳全面发展，是培养社会主义建设者和接班人，是为中华民族伟大复兴提供人才，而不是培养只会考试的"机器"，更不能被资本所"绑架"。所以中央才"出重拳""放实招"，目的就是要减轻学生过重的课业负担，减轻家长过重的经济和精神负担。

"双减"政策出台后，学生们一片欢呼，再也不用在各种培训班之间来回奔波了，但家长产生了新的焦虑：孩子学习成绩怎么办？而对学校老师来说，这是一个新挑战、新任务，当然也是新机遇。学生在校时间增加，要求老师提升教学水平，科学合理布置作业，同时开展课外延伸服务，事实上是老师陪伴学生的时间增加了。这部分在校时间怎么安排？如何让学生利用好课外时间？这一切考验着老师们的智慧。而开展各种课外活动正好可以解决这个难题。比如：热爱人文的，可以开展阅读写作、演讲辩论，学习传统文化和民风民俗等社团活动；喜爱数理的，可以组织科普科幻、实验研究、统计测量、天文观测等兴趣小组；也可以开展体育比赛、艺术体验（音乐、美术、书法、戏剧……）和劳动教育等实践活动。当然，所有的活动都应以培养学生的兴趣爱好为目的，以自愿参加为前提。学校开展课后服务，可以多方面拓展资源，比如博物馆、图书馆、科技馆、陈列馆、少年宫、青少年活动中心，甚至校外培训机构的优质服务资源，还可组织征文比赛、志愿服务、社会调查等，助力学生全面发展。

二、课外阅读新机遇

近年来，新课标、新教材、新高考成为语文教育改革的热词。我曾经看到一个视频，说语文在中高考中的地位提高了，难度也加大了。这种说法有一定道理，但并不准确。说它有一定道理，是因为语文能力主要指一个人的阅读和写作能力，而阅读和写作能力又是一个人综合素养的体现。语文能力强，有助于学习别的学科。比如数学、物理中的应用题，如果阅读能力上不去，读不懂题干，便不能准确把握解题要领，也就没法准确答题；英语中的英译汉、汉译英题更是考查学生的语言表达能力；历史题和政治题往往是给一段材料，让学生去分析、判断，得出结论，并表述自己的观点或看法。从这点来说，语文在中高考中的地位提高有一定道理。说它不准确，有两个方面的理由：一是语文学科本来就重要，不是现在才变得重要，之所以产生这种错觉，是因为在应试教育的背景下，语文的重要性被弱化了；二是语文考试的难度并没有增加，增加的只是阅读思维的宽度和广度，考查的是阅读理解、信息筛选、应用写作、语言表达、批判性思维、辩证思维等关键能力。可以说，真正的素质教育必须重视语文，因为语文是工具，是基础。不少家长和教师认为课外阅读浪费学习时间，这主要是教育观念问题。他们之所以有这种想法，无非是认为考试才是最终目的，希望孩子可以把更多时间用在刷题上。他们只看到课标和教材的变化，以为考试还是过去那一套，其实，考试评价已发生深刻变革。目前，考试评价改革与新课标、新教材改革是同向同行的，都是围绕立德树人做文章。中共中央、国务院印发的《深化新时代教育评价改革总体方案》明确指出："稳步推进中高考改革，构建引导学生德智体美劳全面发展的考试内容体系，改变相对固化的试题形式，增强试题开放性，减少死记硬背和'机械刷题'现象。"显然就是要用中高考"指挥棒"引领素质教育。新高考招生录取强调"两依据，一参考"，即以高考成绩和高中学业水平考试成绩为依据，以综合素质评价为参考。这也就是说，高考成绩不再是高校选拔新生的唯一标准，不只看谁考的分数高，而是看谁更有发展潜力、更有创造性，综合素质更高，从而实现由"招分"向"招人"的转变。而这绝不是仅凭一张高考试卷能够区分出来的，"机械刷题"无助于全面发展，必须在课内学习的基础上，辅之以内容广泛的课外阅读，才能全面提高综合素养。

三、"爱阅读"助力成长

这套《爱阅读·课本里的作家》丛书是为中小学生读者量身打造的，符合《义务教育语文课程标准》倡导的"好读书、读好书、读整本的书"的课改理念，可以作为学生课内学习的有益补充。我一向认为，要学好语文，一要读好三本书，二要写好两篇文，三要养成四个好习惯。三本书指"有字之书""无字之书""心灵之书"，两篇文指"规矩文"和"放胆文"，四个好习惯指享受阅读的习惯、善于思考的习惯、乐于表达的习惯和自主学习的习惯。古人说"读万卷书，行万里路"，实际上就是要处理好读书与实践的关系。对于中小学生来说，读书首先是读好"有字之书"。"有字之书"，有课本，有课外自读课本，还有"爱阅读"这样的课外读物。读书时我们不能眉毛胡子一把抓，要区分不同的书，采取不同的读法。一般说来，读法有精读，有略读。精读需要字斟句酌，需要咬文嚼字，但费时费力。当然也不是所有的书都需要精读，可以根据自己的需要决定精读还是略读。新课标提倡中小学生进行整本书阅读，但是学生往往不能耐着性子读完一整本书。新课标提倡的整本书阅读，主要是针对过去的单篇教学来说的，并不是说每本书都要从头读到尾。教材设计的练习项目也是有弹性的、可选择的，不可能有统一的"阅读计划"。我的建议是，整本书阅读应把精读、略读与浏览结合起来，精读重在示范，略读重在博览，浏览略观大意即可，三者相辅相成，不宜偏于一隅。不仅如此，学生还可以把阅读与写作、读书与实践、课内与课外结合起来。整本书阅读重在掌握阅读方法，拓展阅读视野，培养读书兴趣，养成阅读习惯。

再说写好两篇文。学生读得多了，素养提高了，自然有话想说，有自己的观点和看法要发表。发表的形式可以是口头的，也可以是书面的，书面表达就是写作。写好两篇文，一篇规矩文，一篇放胆文。规矩文重打基础，放胆文更见才气。规矩文要求练好写作基本功，包括审题、立意、选材、构思等，同时还要掌握记叙文、议论文、说明文、应用文的基本要领和写作规范。规矩文的写作要在教师的指导下进行。放胆文则鼓励学生放飞自我、大胆想象，各呈创意、各展所长，尤其是展现自己的写作能力、语言表达能力、批判性思维能力和辩证思维能力。放胆文的写作可以多种多样，除了大作文，也可以写小作文。有兴趣的学生还可以进行文学创作，写诗歌、小说、散文、剧本等。

学习语文还要养成四个好习惯。第一，享受阅读的习惯。爱阅读非常重要，每个同学都应该有自己的个性化书单。有的同学喜欢网络小说也没有关系，但需要防止沉迷其中，钻进"死胡同"。这套《爱阅读·课本里的作家》丛书，给中小学生课外阅读提供了大量古今中外的名家名作。第二，善于思考的习惯。在这个大众创业、万众创新的时代，创新人才的标准，已不再是把已有的知识烂熟于心，而是能够独立思考，敢于质疑，能够自己去发现问题、提出问题和解决问题，需要具有探究质疑能力、独立思考能力、批判性思维和辩证思维能力。第三，乐于表达的习惯。表达的乐趣在于说或写的过程，这个过程比说得好、写得完美更重要。写作形式可以不拘一格，比如作文、日记、笔记、随笔、漫画等。第四，自主学习的习惯。我的地盘我做主，我的语文我做主。不是为老师学，也不是为父母长辈学，而是为自己的精神成长学，为自己的未来学。

愿广大中小学生能借助这套《爱阅读·课本里的作家》丛书，真正爱上阅读，插上想象的翅膀，飞向未来的广阔天地！

目录

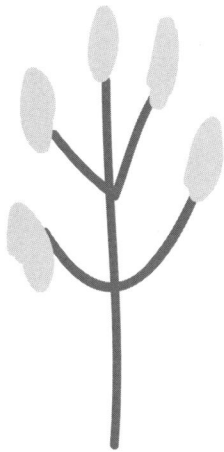

我爱读课文

原文赏读

灯 笼

体　　裁：散文

作　　者：吴伯箫

创作时间：20 世纪 30 年代

作品出处：部编版语文八年级（下册）

内容简介：作者通过回忆自己所经历和了解的有关灯笼的情景，表达了对灯笼的喜爱，对家人的感激，以及对祖国强烈的热爱之情。

读前导航

阅读准备

吴伯箫是一位著名的散文作家，他的作品数量虽然不多，但凡读过他的作品的人，无不感到其作品很扎实，有特点。不论是怀念延安生活，还是表达对社会主义的热爱，他的作品都宣扬了继承革命传统、促人积极向上的主题。

吴伯箫散文的特色之一，是从一枝一叶的普通事物中深入挖掘，以小见大，从平凡中引申出深刻的内涵。如在《记一辆纺车》中，作者从农村用的手摇纺车引申出自力更生、艰苦奋斗的民族精神。他的散文在平淡的叙述下蕴藏着深厚的情感。

目标我知道

情感培养	感受作者对往昔生活和家国天下所寄予的感情 通过文中的乡情民俗和诗词典故，升华出爱国之情
知识与能力	了解作者的生平和作品的写作背景，体会"以小见大"的写法
学习重点	积累文中重点字词，如"褪色、怅惘、静穆、燎原"等 认识灯笼的民俗意义和文化价值
学习难点	理解作者从不同侧面表达的灯笼对于他乃至民族的重要意义 分析多种表达方式综合运用的写作方法，品味文中语言

背景我来探

　　1931年9月18日，日本侵略者发动了"九一八事变"，日军的炮火不仅震碎了祖国的壮丽河山，也击破了无数文人对和平的企望，其中就包括吴伯箫。然而，当时的国民党政府竟然采取不抵抗政策，这让他忧心如焚，怒火中烧，不吐不快。于是，他在从事教育工作的同时，坚持写一些爱国主题的文章。《灯笼》正是其在这个时期所作。

/////////////////////// 精彩赏读 ///////////////////////

课本原文

灯笼 .

① 虽不像扑灯蛾，爱光明而至焚身，小孩子喜欢火，喜欢亮光，却仿佛是天性。放在暗屋子里就哭的宝儿，点亮了灯哭声就止住了。岁梢寒夜，玩火玩灯，除夕燃滴滴金，放焰火，是孩子群里少有例外的事。尽管大人们怕火火烛烛的危险，要说"玩火黑夜溺炕"那种迹近恐吓的话，但偷偷还要在神龛里点起烛来。

【滴滴金】一种烟火花炮名。点燃后，火花四溅，并不炸响。

【溺（niào）】同"尿"。

【第一部分（①段）：开篇说"火"，为下文写"灯笼"作铺垫。】

② 连活活的太阳算着，一切亮光之中，我爱皎洁的月华，如沸的繁星，同一支夜晚来挑着照路的灯笼。提起灯笼，就会想起三家村的犬吠，村中老斗呵狗的声音；就会想起庞大的晃荡着的影子，夜行人咕咕噜噜的私语；想起祖父雪白的胡须，同洪亮大方的谈吐；坡野里想起跳跳的磷火，村边社戏台下想起闹嚷嚷的观众，花生篮，冰糖葫芦；台上的小丑，花脸，《司马懿探山》。[1]真的，灯笼的缘结得太多了，记忆的网里挤着的就都是。

[1] 运用排比的修辞手法，列举了由灯笼想起的一系列的人和事。

（段解：由说灯笼想起了许多早年与灯笼相关的事。）

③记得，做着公正乡绅的祖父，晚年每每被邀去五里遥的城里说事，一去一整天。回家总是很晚的。凑巧若是没有月亮的夜，长工李五和我便须应差去接。伴着我们的除了李老五的叙家常，便是一把腰刀、一具灯笼。那时自己对人情世故还不懂，好听点说，心还像素丝样纯洁，什么争讼吃官司，是不在自己意识领域的。祖父好，在路上轻易不提斡旋着的情事，倒是一路数着牵牛织女星谈些进京赶考的掌故——雪夜驰马，荒郊店宿，每每令人忘路之远近。村犬遥遥向灯笼吠了，认得了是主人，近前来却又大摇其尾巴。到家常是二更时分。不是夜饭吃完，灯笼还在院子里亮着吗？那种熙熙然庭院的静穆，是一辈子思慕着的。

【斡（wò）旋】调解。

【静穆（mù）】安静，庄严。

（段解：我提灯笼去接夜归的祖父，传达出温暖的亲情。）

④"路上黑，打了灯笼去吧。"[1]

[1]过渡段，强调了灯笼的重要性。

⑤自从远离乡井，为了生活在外面孤单地挣扎之后，像这样慈母口中吩咐的话也很久听不到了。每每想起小时候在村里上灯学，要挑了灯笼走去挑了灯笼走回的事，便深深感到怅惘。母亲给留着的消夜食品便都是在亲手接过了灯笼去后递给自己的。为自己特别预备的那支小的纱灯，样子也还清清楚楚记在心里。虽然人已经是站在青春尾梢上的人，母亲的头发也全白了。

【怅惘（chàng wǎng）】因失意而心事重重。

（段解：远离故乡，更觉得母爱珍贵。）

⑥乡俗还愿，唱戏、挂神袍而外，常在村头高挑一挂红灯。仿佛灯柱上还照例有些松柏枝叶做点缀。挂红灯，自然同盛伏舍茶、腊八施粥一样，有着行好的意思；松柏枝叶的点缀，用意却不甚了然。真是，若有孤行客，黑夜摸路，正自四面虚惊的时候，忽然发现星天下红灯高照，总会以去村不远而默默高兴起来的吧。

⑦唐明皇在东宫结绘彩为高五十尺的灯楼，遍悬珠玉金银而风至锵然的那种盛事太古远了，恨无缘观赏。金吾不禁的那元宵节张灯结彩，却曾于太平丰年在几处山城小县里凑过热闹：跟了一条龙灯在人海里跑半夜，不觉疲乏是什么，还要去看庆丰酒店的跑马灯，猜源亨油坊出的灯谜。家来睡，不是还将一挂小灯悬在床头吗？梦都随了蜡火开花。

⑧想起来，族姊远嫁，大送大迎，曾听过彻夜的鼓吹，看满街的灯火；轿前轿后虽不像《宋史·仪卫志》载，准有打灯笼子亲事官八十人，但辉煌景象已够华贵了。那时姊家仿佛还是什么京官，于今是破落户了。进士第的官衔灯该还有吧，垂珠联珑的朱门却早已褪色了。

⑨用朱红在纱灯上描宋体字，从前很引起过自己的喜悦；现在想，当时该并不是传统思想，或羡慕什么富贵荣华，而是根本就爱那种玩意，如同黑漆大门上过年贴丹红春联一样。[1]自然，若是纱灯上的字是"尚书府"或"某某县正堂"之类，懂得了意思，也会觉得不凡的；但普普通通一家纯德堂的家用灯笼，可也

[1]此处运用了类比的手法，突出了"我"在纱灯上描宋体字的那份单纯又雅致的爱。

·6·

未始勾不起爱好来。

⑩ 宫灯，还没见过；总该有翠羽流苏的装饰吧。假定是暖融融的春宵，西宫南内有人在趁了灯光调绿嘴鹦鹉，也有人在秋千索下缓步寻一脉幽悄，意味应是深长的。虽然，"……好一似扬子江，驾小舟，风狂浪大，浪大风狂"的汉献帝也许有灯笼做伴，但那时人的处境可悯，蜡泪就怕数不着长了。

⑪ 最壮的是塞外点兵，吹角连营，夜深星阑时候，将军在挑灯看剑，那灯笼上你不希望写的几个斗方大字是霍骠姚，是汉将李广，是唐朝裴公吗[1]？雪夜入蔡，与胡人不敢南下牧马的故事是同日月一样亮起了人的耳目的。你听，正萧萧班马鸣也，我愿就是那灯笼下的马前卒。

【第二部分（②—⑪段）：文章主体，说灯笼。】

⑫ 唉，壮，于今灯笼又不够了。应该数火把，数探海灯，数燎原的一把烈火！

【第三部分（⑫段）：结尾说"火"情调高昂，主旨显现。】

[1] 引用典故，写出了历史上名将保家卫国的担当，表达了自己对英雄的敬仰之情。

作品赏析

　　《灯笼》的作者吴伯箫在回忆童年生活的篇章里流露着强烈的爱国主义的情感。这种情感集中表现为：对养育自己成长的祖国山河及对文化、历史的热爱；关心祖国的前途和命运，把个人的命运同祖国的命运紧密地联系在一起；具有强烈的民族自尊心和自豪感，以及对祖国的无限忠诚和为祖国的独立富强而英勇献身的精神等。我们每个人都应该做一个爱国的人。

////////////////////////////// 积累与表达 //////////////////////////////

日 积 月 累

1.我爱皎洁的月华,如沸的繁星,同一支夜晚来挑着照路的灯笼。

2.真是,若有孤行客,黑夜摸路。正自四面虚惊的时候,忽然发现星天下红灯高照,总会以去村不远而默默高兴起来的吧。

3.唉,壮,于今灯笼又不够了。应该数火把,数探海灯,数燎原的一把烈火!

读 后 感 想

我读《灯笼》想到的

前段时间,我读了吴伯箫的《灯笼》,感悟颇深。作者围绕灯笼,从不同方面叙述了它的重要意义。

作者在文章中写了自己小时候在家乡与灯笼有关的往事,譬如和长工李五打着灯笼到村外迎接晚归的祖父,又譬如他上"灯学"专用的"小纱灯",以及他喜欢"用朱红在纱灯上描宋体字"等。这些场景都让我眼前一亮。

由此我想到了另一则故事:

有个盲人,晚上出门总提着一盏明亮的灯笼。别人看到了,很是奇怪,问他:"你反正看不见,为什么还要提个灯笼走路呢?"盲人回答:"这个道理很简单,我提灯笼并不是为自己照亮道路,而是为了给别人照明,让他们能看见我。"

而作者也和这个盲人一样,面对当时中国的国运时事,作者想要用他的光芒照醒世人，照亮广大人民群众保家卫国的决心。

高悬在作者笔下的灯笼逐渐消失在我们的视线中，但关于灯笼的温暖记忆，却镌刻在我们心底，将会一直陪着我们走向光明的未来。

精彩语句

由此我想到了另一则故事。

用故事说明道理，比生硬地讲道理更容易让人接受和理解。引用故事增加了文章的可读性。

妙笔生花

读过吴伯箫的《灯笼》，你有何感想呢？动动手中的笔，写下来吧！

////////////////////////// **知识乐园** //////////////////////////

一、下列选项中加点字的注音有误的一项是（   ）。

A．灯笼（lóng）   领域（yù）   焰火（yàn）   马前卒（zú）

B．皎洁（jiǎo）   褪色（tuì）   斡旋（wò）   熙熙然（xī）

C．官灯（gōng）   点缀（zhuì）   锵然（qiāng）   暖融融（róng）

D．怅惘（wǎng）   幽悄（qiāo）   焚身（fén）   滴滴金（dī）

二、下列标点符号使用有误的一项是（   ）。

A．若是纱灯上的字是"尚书府"或"某某县正堂"之类，懂得了意思，也会觉得不凡的。

B．乡俗还愿，唱戏，挂神袍而外，常在村头高挑一挂红灯。

C．岁梢寒夜、玩火玩灯、除夕燃滴滴金、放焰火、是孩子群里少有例外的事。

D．不是夜饭吃完，灯笼还在院子里亮着吗？

三、依次填入下一段文字横线处的语句，衔接最恰当的一组是（   ）。

灯笼与中国人的生活息息相关，庙堂中、房宇外，处处都有灯笼张挂。仔细推算，中国有灯是秦汉以后的事，有纸灯笼可能是在东汉纸发明之后。中国的灯笼，不仅是用以照明，它往往也是一种象征，因"灯"与"丁"语音相似，故灯意味着人丁兴旺，＿＿＿＿＿＿＿＿＿＿＿＿＿＿＿＿。不过，灯笼最让人遐思、期盼的，恐怕还是元宵节的花灯。元宵观灯的习俗起源汉代初年，至唐开元年间，为庆祝国泰民安，乃扎结花灯，象征"彩龙兆祥，民富国强"，花灯风气至此广为流传。

A．以至，过去每家每户都有姓氏灯，悬挂在屋檐下或客厅中，

借以讨个口彩。今天迎神赛会上，神明的阵头前仍有两盏大灯笼，就是在延续这种风俗

B．以至，过去每家每户都有姓氏灯，悬挂在屋檐下或客厅中，借以讨个口彩。今天迎神赛会上，神明的阵头前仍有两盏大灯笼，就是这种风俗的延续

C．以至，过去每家每户都把借以讨个口彩的姓氏灯悬挂在屋檐下或客厅中，今天迎神赛会上，神明的阵头前仍有两盏大灯笼，就是在延续这种风俗

D．以至，过去每家每户都把借以讨个口彩的姓氏灯悬挂在屋檐下或客厅中，今天迎神赛会上，神明的阵头前仍有两盏大灯笼，就是这种风俗的延续

四、请你阅读下面三组组长的活动记录，完成小题。

离开展厅，我们走进灯笼制作厂房，恰好遇到了灯笼村的领头人红庙村村委书记，于是采访了他。"自从村里的灯笼挂上了 2010 年央视春晚的舞台，更多的人记住了这个小山村。红庙灯笼的销路越来越广，不但在国内的各大城市能见到红庙灯笼①村委书记自豪地说②甚至在美国、日本、新加坡等国家，也能见到我们红庙灯笼的身影。我们红庙村的灯笼产业正带领村民走上致富的道路③听了村委书记的介绍，顿时响起一阵热烈的掌声，同学们热爱家乡的情感油然而生。受气氛的熏陶与浸染，书法老师也是激情满怀，大笔一挥，为红庙灯笼厂送上了一副对联。

（1）序号处添加标点都正确的一项是（　　）。

A．①"，　　②："　　③"。

B．①"，　　②，"　　③"。

C．①，"　　②："　　③。"

D．①，"　　②，"　　③。"

（2）请你为老师的上联挑选出合适的下联（　　）。

上联：小村扬名千门富

下联：

A．勤劳致富奔小康　　B．伟业腾飞更辉煌

C．红灯装点万家春　　D．有志农民显神通

作家经典作品

自主阅读

话故都

一别两易寒暑，千般都似隔世，再来真是万幸了。际兹骊歌重赋，匆匆归来又匆匆归去的时候，生怕被万种缱绻，牵惹得茶苦饭淡。来！尔座苍然的老城，别嫌唠叨，且让我像自家人似的，说几句闲杂破碎的话吧。重来只是小住，说走就走的，别不理我！连轻尘飞鸟都说着，啊，你老城的一切人、物。

生命短短的，才几多岁月？一来就五年六载地拖下去，好不容易！耳濡目染，指摩踵接，筋骨都怕涂上了你的颜色吧；不留恋还留恋些什么？不执着还执着些什么？在这里像远古的化石似的，永远烙印着我多少万亿数的踪迹；像早春的鸟声、炎夏的鸣蝉、深秋的虫吟似的，在天空里也永远浮荡着我一阵阵笑、一缕缕愁及偶尔的半声长叹。在这里有我浓挚的友谊，有我谆谆然师长的训诲，有我青年的金色的梦境、旷世的雄心及彻昼彻夜的挣扎与努力；也有我掷出去还回来往返投报的情热及情热燃炙时的疯狂。还有，还有很多。我知道那些逝去了的整整无缺的日子，那些在一生中最可珍贵的朝朝暮暮，我是都给了你了，都在你和平而安适的怀抱里，消磨着，埋葬了。

因此，我无论漂泊到天涯，或是流浪到地角，总于默默中仿佛觉得背后有千万条绳索在紧紧地系着，使我走了一段路程，便回转头来眺望你一番，俯下头去想念你一番，沉思地追忆关于你的一切：

当我于风雨凄凉、日晚灯昏、感到苦寂的时候，我想到在你这里那五六个人围炉话尽的雪夜和放山石、采野花的那些春秋佳日。当我进退维谷、左右皆非、感到空虚的时候，我想到在你这里过骆驼书屋，听主人那忘机的娓娓不倦的谈话和那巍然宏富的图书馆里引人入胜的各家典籍的涉猎。在异乡受了人家的欺骗，譬如那热血所换到的冷水的欺骗，我只要忆起你这儿的友人曾信托我，帮助我，在极危急的时候拯救我的各种情形，我便得到很多的安慰；即使抚今追昔，愈想愈委屈，而终于落泪吧，但内心是充满了喜悦的，说："小气的人呀！我是有朋友的，你其奈我何！"

因此，我念着你西郊的山峦，那里我们若干无猜的男女，曾登临过，游览过，啸遨过：大家争着骑驴，挨了跌还是止不住笑。我念着你城正中昂然屹立的白塔，在那里我们曾俯瞰过你伟大的城阙，壮丽的宫院，一目无边的丰饶的景色。我念着坐镇南城的天坛，那样庄严，使你立在跟前，都不敢大声说话。我念着颐和园昆明湖畔的铜牛，最喜欢那夕阳里矫骞的雄姿；我念着陶然亭四周的芦苇，爱它那秋天来一抹的萧索。我念着北城的什刹海、南城的天桥，拥着挤着的各色各样的人、各色各样的事。我念着市场的那些旧书摊，别瞧，掌柜的简直就是饱学。我念着，啊，这个账怎么开呢：那些残破的庙宇，那些苍翠的五六百年的松柏，那些灰色的很大很大的砖，一弯臭水的护城河，沿河走着的骆驼同迈着骆驼一样脚步的牵骆驼的人。真是！什么我都想念呢！只要是你苍然的老城的，都在我神经的秘处结了很牢的结了。说来你不信，连初冬来呼呼的大风，大风里飞扬着的尘土，我都想。

苍然的老城，我觉到，绵亘在兴安岭以南，喜马拉雅以北，散布在滚滚的黄河、滔滔的长江流域的，星罗棋布，是多少城池，多少市镇，多少名胜古迹啊，但只有你配象征这堂堂大气的文明古国。

仿佛是你才孕育了黄帝的子孙，是你才养长了这神明华胄，以及它所组成的伟大民族。虽然我们有长安，有洛阳，有那素以金粉著名的南朝金陵，但那些不失之于僻陋，就失之于嚣薄；不像破落户，就像纨绔子；没一个像你似的：既素朴又华贵，既博雅又大方；包罗万象，而万象融而为一；细大不捐，而巨细悉得其当；真是，这老先生才和蔼得可亲、庄严得可敬呢。

华夏就是这样的国家，零星的干犯，是惹不起她的气愤的，她有海量的涵容；点滴的创伤，她是不关痛痒的，她有百个千个的容忍；不过一朝一夕，时光慢慢地过去，干犯她的，要敬畏她了，要跪倒在她的面前，求她的宥恕了；一处处创伤要渐渐地复原，渐渐地健康起来了。如檐滴之穿阶石似的，一切锢障都在时光的洗练中屈服在她的腕下了。苍然的老城，你不也正是这样的吗？多少乳虎样的少年，贸贸然地走了来，趾高气扬，起初是目空一切的，但久了，你将他的浮夸，换作了沉毅。忽而一天，他发现了他自己的无识，他自己的藐小；多少心胸狭隘的人，米大的事争破天，不骄即谄，可是日子长了，他忽然醒过来，带着满脸的惭愧，他走上那坦荡的大方的道路。芝兰之室怕连砖瓦都是芬芳的吧，蜜饯金枣酸瓢也发起甜来。饱有经验的老人是看不惯乳臭的孩子的，富有历史涵养的地方草木都是古香古色。不必名师，单这地方彩色的熏陶，就是极优越的教育了。何况，在这里，街街巷巷都住持着哲人、诗家、学者呢。对你，不只是爱慕，简直是景仰。"我懂什么呢？"有人这样说。"在此老死吧！"也有人这样说。是大有来历的。

晨昏相对者六年，在第六个夏天，我因为什么事情不得已而将远去，那时我是怎样地愁着，依依的可怜啊！为了你这儿的人们，使我眷恋不舍，一壁整着行囊，一壁落着眼泪，就像第一次离开慈母准备远行一样，那滋味是够凄凉的。脚步迟滞地踏上火车，心随了车轮的辗转而步步沉重，彼此间的牵线，步步加紧，那是不多不少的永诀的情况啊！长年漫漫，悬想之情总算够受了：地方愈远，思念愈深；时日愈久，思念愈切。直将这重负继续担下来，到今天，我有了归来的机会。

旅途上我是怎样的喜欢，又怎样的惧怕呀！喜着眼前的重逢，怕着久别的生疏。提心吊胆，终于到"家"了。望见你那更加苍老了的城垣，还带着亲熟的容光，仿佛说："来了吗？……"那一阵高兴是说不出来的。我知道敌人的炮火，曾给你过分的虚惊，我见了一砖一石一草一木，都郑重地问"别来无恙"的话。及至看见你依旧那样镇静、那样沉着的时候，我便禁不住手舞足蹈了。可是你的确又苍老了许多呢。虽说老当益壮吧，但那加添了的一条条皱纹，总不能不使爱你的人们增加几分担心。

现在几天的光阴，又轻轻度过了，梦一般。在几天之中，我温习了多少陈迹，访问着你的每一条大街、每一条小巷，抚摩着往日的印痕，追忆着那些甜的酸的苦的故事，又是一度欢欣，又是一度唏嘘，又是一度疯狂。我很满足，因为你没把我忘记。

展眼我又要走了，那怎么办呢？在这临行时的前宵，听着你午夜的市声，熙熙攘攘，喘着和平的气息，我怀了万分惆怅。但想到你的长存，比得过日月的光辉时，我也知道自慰。后会有期，珍重吧！希望再度我来，你矍铄依然，带着你永恒的伟大与壮丽，期待我，招呼我。

明朝行时，但愿你满罩了一天红霞，光明里，照顾我到远远的天涯。

一九三三年夏

天下第一山

这里说说井冈山。

井冈山是中国无产阶级革命的摇篮，是革命队伍的集合点、立脚点、出发点。在这里，一峰一岭，都长存着革命斗争的史迹；一树一竹，都饱受过革命雨露的滋润；一工一农，都经历过革命风暴的锻炼和考验。在这里，每一步路，都会踏着革命前辈坚实的脚印；每一次呼吸，都会感觉出革命的艰苦、乐观、胜利的气息。做井冈山人，战斗在井冈山，建设井冈山，是无上的光荣；访问井冈山，重温革命的历史，接受革命的传统教育，是莫大的幸福。

这座山是革命的山。

井冈山在罗霄山脉中段。"北麓是宁冈的茅坪，南麓是遂川的黄坳，两地相距九十里。东麓是永新的拿山，西麓是酃县①的水口，两地相距八十里。"②到处是耸峙的峰峦、险峻的崖壁。满山松、杉、毛竹和知名不知名的杂树，一片接一片，一丛连一丛，葱绿，苍翠，盖地遮天，从山麓一直拥上山顶。站在高处眺望，林海波涛，汹涌起伏，一浪高过一浪，一层叠上一层，那气势壮阔极了。在漫天云雾伸手不见五指的时候，深厚，迷蒙，天地成为浑然的一体，会使人感到像翱翔在云里，潜游在海里。歌谣说："千山竹，万山木，

---

① 现名为炎陵县。
② 见毛泽东：《井冈山的斗争》。

走路不见天，烧火不见烟。"那还只是描绘了井冈山山高林密的一个方面。

井冈山以茨坪为中心，方圆五百五十里，五大哨口像五尊顶天立地的巨人守卫着雄关要隘。八面山的羊肠小道是湘赣两省的分界线，人们说，走路不小心跌一跤，就会从江西跌进湖南。双马石艰险陡峭，胆小的人不敢从双马石下过。黄洋界，海拔一千六百米，"黄洋界上炮声隆，报道敌军宵遁"。这是一声炮响吓退敌人的地方。另外，一个朱砂冲，一个桐木岭，也称得是：一夫当关，万夫莫开。

就是在这样的地方——井冈山，毛泽东同志在三十八年前率领第一支工农革命军亲手建立了第一个红色政权，把这里作为革命根据地，进行武装斗争、土地革命。"天欲堕，赖以拄其间。"大革命失败后，支撑住革命天下的正是这建立在井冈山上的红色政权。广大的工农群众衷心地拥护这个政权，把根据地看作自家的江山，大家歌唱："行州府，茨坪县，大小五井金銮殿。"歌唱里充满了自豪的感情，表现出工农革命必将席卷天下的气概。

当年，根据地的生活是艰苦的。虽然说井冈山地区的茶、油、木材、毛竹、药材出产都极丰富，但是"人口不满两千，产谷不满万担"①，再加敌人严密封锁，产品运不出去，丰富的资源不容易发挥作用，根据地里食盐、布匹、药品都很缺乏。在井冈山革命博物馆里陈列着一罐老游击队员当时不舍得吃、为红军一直保存下来的硝盐，尝一粒，又苦又涩，一点儿咸味都没有。但是那时的红军，就连这样的硝盐也不是经常能够吃到的。粮食要到几十里以外的宁冈去挑。毛泽东同志在茨坪的旧居里，除了三屉桌、木板床、条凳几件简单朴素的家具之外，就有斗笠和扁担。去黄洋界的路上，五

---

① 见毛泽东：《井冈山的斗争》。

里横排那里，有一棵槲树，当年毛泽东同志同战士一道挑粮，从小路盘山上来，曾在那棵树下歇肩。现在那棵树依旧叶密荫浓，挺拔旺盛，屹立在宽阔的盘道旁边石垒的平坛上，成为这段光辉历史的见证。艰难困苦并没有难倒革命的战士，当时战士们是乐观的、愉快的。"红米饭，南瓜汤，秋茄子，味好香，餐餐吃得精打光。"简单几句话生动地描写了他们饮食的情况。说到穿衣，《井冈山的斗争》里写着："这样冷了，许多士兵还是穿两层单衣。"在茅坪，一位姓谢的革命老人也回忆说："毛委员把棉袄送给我穿，他自己却只穿两层单衣。我不过意地说：'毛委员你冷啊！'毛委员说：'不要紧，习惯了。'"解衣衣人，推食食人。正是领袖跟战士、群众同甘共苦的这种崇高的感情、亲密的关系，团结了革命队伍，克服了重重的物质困难，战胜了残暴的敌人。

武装起来的工农进行人民的解放战争，那是必然胜利的。井冈山很多地方就记载着一曲又一曲革命的凯歌。旗锣坳伏击一战消灭了反动地主武装尹道一，为改造两支旧军队开辟了道路。宁冈的砻市，是一九二八年四月二十八日朱德同志率领的部分南昌起义军跟毛泽东同志胜利会师的地方，横跨龙江的大桥就叫会师桥。这个历史性的会晤，奠定了中国革命胜利的基础。在永新县的新老七坂岭，红军击溃了敌人七个团，消灭了一个团左右，创造了机智和勇敢相结合的战斗范例。直到现在群众还这样传颂着："不费红军三分力，打垮江西两只羊。"[1]

在井冈山，红军接二连三地打胜仗，革命根据地的各项军事政策，各种组织形式、战斗形式，都逐渐基本形成。像"分兵以发动群众，集中以应付敌人"的作战原则，像"敌进我退，敌驻我扰，敌疲我打，

---

[1] 消灭敌人朱培德的杨如轩、杨池生两个主力师。

敌退我追"的十六字诀，像革命军人如何对待人民群众的"三大纪律，六项注意"①，都是毛泽东同志在那个时候总结了革命战争的宝贵经验用最具体、最生动、最简要的语言固定下来的。像军队是战斗队又是工作队；"支部建在连上"，党始终是军队的领导者、组织者和鼓舞者，没有党的领导，就没有革命的军队；依靠农村建立革命根据地，借此积蓄和发展革命力量，逐渐包围城市并最后夺取城市，最后夺取全国政权……这些也都是伟大的毛泽东思想的体现。《中国的红色政权为什么能够存在？》是在茅坪的八角楼写的，楼上住室的桌子上现在还保存着圆形辟雍式石砚；《井冈山的斗争》是在茨坪一幢向东的平房里写的，屋里桌子上也还放着一盏生了锈的马灯。当年石砚的墨迹，不是还散发着浓郁的芳香吗？马灯的焰火，不是还闪耀着灼灼的光芒吗？三十八年的历史证明，这些辉煌的文献所指引的井冈山的道路，正是中国革命前进的道路、胜利的道路啊！从井冈山举起来的红旗，曾经沿着这条道路，举到瑞金，举到延安，举到北京。眼看亚洲、非洲、拉丁美洲；凡是要革命、要解放的地方，都将高高地举起这样鲜明的旗帜。

战斗在井冈山的人，用自己大公无私、光明磊落的行动告诉人们什么叫全心全意为革命。他们不为名：多少英勇牺牲的同志，在白色恐怖的环境里闹革命，必须隐姓埋名，有的到现在查不出真实的名字；巍然屹立在茨坪中心山上的革命烈士纪念塔，纪念在小井医院被敌人杀害的伤病员，就都是无名英雄。他们不为利：从军长到伙夫，除粮食外一律吃五分钱的伙食；冬天穿两层单衣，不讲享受，不置私产。他们为什么呢？就是为了世界的革命，为了人类的解放，为了没有人剥削人、没有人压迫人的共产主义。把自己的生命同无

---

① 后来是八项注意。

产阶级的革命事业结合起来，以此为光荣，以此为幸福，丝毫不计较个人的利害得失，他们怎么能不全心全意！

站在井冈山上，望望寥廓的世界，人们的心里会涌起无限肃穆景仰的感情。

世界上有什么山能够跟井冈山比拟呢？珠穆朗玛峰，海拔八千八百四十八米①，是世界上最高的山峰了；但是它的意义在于地理、地质和冰川，人只能在那峰顶上做短暂的停留。奥林匹斯，据说是众神所居，古代希腊人视为神山；但是那是神话，谁也没法知道它的奥秘。谈到人间，谈到革命，谈到无产阶级的不朽的事业，人们首先想到的是井冈山。井冈山，在陈旧的地图上，也许没有它的位置，在帝王将相的历史里，它也不会占什么篇幅；但是，自从毛泽东同志率领中国工农革命军在那里建立了革命根据地的那一天起，井冈山要用耀眼的红星标志在世界的地图上，要用瑰丽的篇章记载在人类的历史里。它将震撼寰宇，长青万古。

通往井冈山的路，当年崎岖狭窄，现在是平坦宽阔的。汽车在山道上迂回盘旋，进山可以到茨坪、大井、茅坪……载送旅客瞻仰各处的革命胜迹；出山更畅行无阻，可以驶向无限广阔辽远的地方。

井冈山是天下第一山。

一九六五年八月十五日

---

① 2020 年测量为 8848.86 米。

马

"马是天池之龙种。"① 那自是一种灵物。

也许是缘分，从孩提时候我就喜欢了马。三四岁，话怕才咿呀会说，亦复刚刚记事，朦胧想着，仿佛家门前，老槐树荫下，站满了大圈人，说不定是送四姑走呢。老长工张五，从东院牵出马来，鞍鞯都已齐备，右手是长鞭，先就笑着嚷："跟姑姑去吧？"说着一手揽上了鞍去，我就高兴着忸怩学唱："骑白马，吭铃吭铃到娘家……"大家都笑了。准是父亲，我是喜欢父亲而却更怕父亲的，说："下来吧！"小小的就这样皮。一团高兴全飞了。下不及，躲在了祖母跟前。

人，说着就会慢慢儿大的。坡里移来的小桃树，在菜园里都长满了一握。姐姐出阁了呢。那远远的山庄里，土财主。每次搬回来住娘家，母亲和我们弟弟，总是于夕阳的辉照中，在庄头眺望的。远远听见了銮铃声响，隔着疏疏的杨柳，隐约望见了在马上招手的客人，母亲总禁不住先喜欢得落泪。我们也快活得像几只鸟，叫着跑着迎上去。问着好，从伙计的手中接过马辔来，姐姐总说："又长高了。"车门口，也是彼此问着好；客人尽管是一边笑着，偷回首却是满手帕的泪。

① 见庾信：《春赋》。

家乡的日子是有趣的。大年初三四，人正闲，衣裳正新，春联的颜色与小孩的兴致正浓。村里有马的人家，都相将牵出了马来。雪掩春田，正好驰骤竞赛呢。总也有三五匹吧，骑师是各自当家的。我们的，例由比我大不了几岁的叔父负责，叔父骑腻了，就是我的事。观众不少啊：阎村的祖伯叔，兄弟行辈，年老的太太，较小的邻舍侄妹，一凑就是近百的数目。崭新的年衣，咳笑的乱语，是同了那头上亮着的一碧晴空比着光彩的。骑马的人自然更是鼓舞有加喽。一鞭扬起，真像霹雳弦惊，飕飕的那耳边风丝，恰应着一个满心的矜持与欢快。驰骋往返，非到了马放大汗不歇。毕剥的鞭炮声中，马打着响鼻，像是凯旋，人散了。那是一幅春郊试马图。

那样直到上元，总是有马骑的亲戚家人来人往，驴骡而外，代步的就是马。那些日子，家里最热闹，年轻人也正蓬勃有生气。姑表堆里，不是常常少不了戏谑吗？春酒筵后，不下象棋的，就出门遛几趟马。

孟春雨霁，滑铁的道上，骑了马看卷去的凉云，麦苗承着残滴，草木吐着新翠，那一脉新鲜的泥土气息，直会沁人心脾。残虹拂马鞍，景致也是宜人的。

端阳，正是初夏，天气多少热了起来。穿了单衣，戴着箬笠，骑马去看戚友，在途中，偶尔河边停步，攀着柳条，乘乘凉，顺便也数数清流的游鱼，听三两渔父，应着活浪活浪的水声，哼着小调儿，这境界一品尚书是不换的。不然，远道归来，恰当日衔半山，残照红于榴花，驱马过三家村边，酒旗飘处，斜睨着"闻香下马"那么几个斗方大字，你不馋得口流涎吗？才怪！鞭子垂在身边，摇摆着，狗咬也不怕。"小妞！吃饭啦，还不给我回家！"你瞧，已是吃大家饭的黄昏时分了呢。把缰绳一提，我也赶我的路。到家掌灯了，最喜那满天星斗。

真是家乡的日子是有趣的。

当学生了。去家五里遥的城里。七天一回家，每次总要过过马瘾的。东岭，西洼，河堰，丛林，踪迹殆遍殆遍。不是午饭都忘了吃吗？直到父亲呵斥了，才想起肚子饿来。反正父亲也是喜欢骑马的，呵斥那只是一种担心。啊，生着气的那慈爱喜悦的心啊！

祖父也爱马，除了像《三国志》那样几部老书。春天是好骑了马到十里外的龙潭看梨花的。秋来也喜去看矿山的枫叶。马夫，别人争也无益，我是抓定了的官差。本来嘛，祖孙两人，缓辔蹒跚于羊肠小道，或浴着朝暾，或披着晚霞，闲谈着，也同乡里交换问寒问暖的亲热的说话；右边一只鸟飞了，左边一只公鸡喔喔在叫，在纯朴自然的田野中，我们是陶醉着的。我们也志同道合。

最记得一个冬天，满坡白雪，没有风，老人家忽而要骑马出去了，他就穿了一袭皮袍，暖暖的，系一条深紫的腰带，同银白的胡须对比的也戴了一顶绛紫色的风帽，宽大几乎当得斗篷，马是棕色的那一匹吧，跟班仍旧是我。出发了呢？那情景永远忘不了。虽没去做韵事，寻梅花，当我们到岭巅头，系马长松，去俯瞰村舍里的缕缕炊烟，领略那直到天边的皓洁与荒旷的时候，却是一个奇迹。

说呢，孩子时候的梦比就风雨里的花朵，是一招就落的。转眼，没想竟是大人了。家乡既变得那样苍老，人事又总坎坷纷乱，闲暇少，时地复多乖离，跃马长堤的事就稀疏寥落了。可是我还是喜欢马呢：不管它是银鬃，不管它是赤兔，也不管它是泥肥骏瘦，蹄轻鬣长，我都喜欢。我喜欢刘玄德跃马过檀溪的故事，我也喜欢"泥马渡康王"的传说，即使荒诞不经吧，却都是那样神秘超逸，令人深深向往。

"徐庶走马荐诸葛"，在这句话里，我看见了大野中那位热肠的而又洒脱风雅的名士。"骑马倚长桥，满楼红袖招"，你看那于绿草垂杨临风伫立的金陵年少，丰采又够多么英俊翩翩呢。固然敝车羸马，颠顿于古道西风中，也会带给人一种寂寞怅惘之感的，但是，这种寂寞怅惘，不是也正可于或种情景下令人留恋的吗？——前路茫茫，往哪里去？当你徘徊踟蹰时就姑且信托一匹龙钟的老马，跟了它一东二冬地走吧。听说它是认识路的。譬如那回忆中幸福的路。

你不信吗？"非敢后也，马不进也。"那个落落大方说着这样话的家伙，要在跟前的话，我不去给他执鞭坠镫才怪呢。还有那冯异将军的马，看着别人擎擎着一点点劳碌就都去觍颜献功，而自己的主人却踢开了丰功伟绩，兀自巍然堂堂地站在了大树根下，仿佛只是吹吹风的那种神情的时候，不该照准了那群不顾羞耻的东西去乱踢一阵，而也跑到旁边去骄傲地跳跃长啸吗？那应当是很痛快的事。

十万火急的羽文，古时候有驿马飞递：探马报道，寥寥四个字里，活活绘出了一片马蹄声中那营帐里的忙乱与紧急，百万军中，出生入死，不也是凭了征马战马才能斩将搴旗的吗？飞将在时，阴山以里就没有胡儿了。

落日照大旗，马鸣风萧萧。

唅，怎么这样壮呢！胆小的人不要哆嗦啊，你看，那风驰电掣地闪了过去又风驰电掣地闪了过来的，就是马。那就是我所喜欢的马。弟弟来信说："家里才买了一匹年轻的马，挺快的……"真是，说句儿女情长的话，我有点儿想家。

一九三四年三月，青岛

山　屋

　　屋是挂在山坡上的。门窗开处便都是山。不叫它别墅，因为不是旁宅支院颐养避暑的地方；唤作什么楼也不妥，因为一底一顶，顶上就正对着天空。无以名之，就姑且直呼为山屋吧，那是很有点老实相的。

　　搬来山屋，已非一朝一夕了；刚来记得是初夏，现在已慢慢到了春天呢。忆昔入山时候，常常感到一种莫名的寂寞，原来地方太偏僻，离街市太远啊。可是习惯自然了，浸假又爱了它的幽静；何况市镇边缘上的山，山坡上的房屋，终究还具备着市廛与山林两面的佳胜呢。想热闹，就跑去烦嚣的市内；爱清闲，就索性锁在山里，是两得其便左右逢源的。倘若你来，于山屋，你也会喜欢它的吧？傍山人家，是颇有情趣的。

　　譬如说，在阳春三月，微微煦暖的天气，使你干什么都感到几分慵倦；再加整天的忙碌，到晚上你不会疲惫得像一只晒腻了太阳的猫吗？打打舒身都嫌烦。一头栽到床上，怕就蜷伏着昏昏入睡了。活像一条死猪。熟睡中，踢来拌去地乱梦，梦味儿都是淡淡的。心同躯壳是同样的懒啊。几乎可以说是泥醉着，糊涂着，乏不可耐。可是大大地睡了一场，寅卯时分，你的梦境不是忽然透出了一丝绿莹莹的微光嘛，像东风吹过经冬的衰草似的，展眼就青到了天边。恍恍惚惚的，屋前屋后有一片啾唧昕昕的闹声，像是姑娘们吵嘴，又像一群活泼泼的孩子在嘈杂乱唱；兀的不知怎么一来，那里"吱幽"一响，你就醒了。立刻你听到了满山满谷的鸟叫。缥缥缈遥的那里的钟声，也嗡嗡地传了过来。你睁开了眼，窗帘后一缕明亮，给了你一个透底的清醒。靠左边一点，石工们在叮咚的凿石声中，说着呜呜噜噜的话；稍偏右边，嘚嘚的马蹄声又仿佛一路轻地撒上了山去。一切带来的是个满心的欢笑啊。那时你还能躺在床上吗？不，你会霍然一跃就起来的。衣裳都来不及披一件，先就跳下床来打开窗子。那窗外像笑着似的处女的阳光，一扑就扑了你个满怀。

"呵，我的灵魂，我们在平静而清冷的早晨找到我们自己了。"
——惠特曼《草叶集》

那阳光洒下一屋的愉快，你自己不是都几乎笑了吗？通身的轻松。那山上一抹嫩绿的颜色，使你深深地吸一口气，清爽是透到脚底的。瞧着那窗外的一丛迎春花，你自己也仿佛变作了它的一枝。

我知道你是不暇妆梳的，随便穿了穿衣裳，就跑上山去了。一路，鸟儿们飞着叫着地赶着问"早啊？早啊？"的话，闹得简直不像样子。戴了朝露的那山草野花，遍山弥漫着，也懂事不懂事似的直对你颔首微笑，受宠若惊，你忽然骄蹇起来了，迈着昂藏的脚步三跨就跨上了山巅。你挺直了腰板，要大声嚷出什么来，可是怕喊破了那清朝静穆的美景，你又没嚷。只高高地伸出了你粗壮的两臂，像要拥抱那个温都的骄阳似的，很久很久，你忘掉了你自己。自然融化了你，你也将自然融化了。等到你有空再眺望一下那山根尽头的大海的时候，看它展开着万顷碧浪，翻掀着千种金波灵机一动，你主宰了山、海、宇宙全在你的掌握中了。

下山，路那边邻家的小孩子，苹果脸映着旭阳，正向你闪闪招手，烂漫地笑。你不会赶着问她："宝宝起这样早哇？姐姐呢？"

再一会，山屋里的人就是满口的歌声了。

再一会，山屋右近的路上，就是逛山的人咯咯的笑语了。

要是夏天，晌午阳光正毒，在别处是热得汤煮了似的了，山屋里却还保持着相当的凉爽。坡上是通风的。四周的山松也有够浓的阴凉。敞着窗，躺在床上，噪耳的蝉声中你睡着了，噪耳的蝉声中你又醒了。没人逛山。樵夫也正傍了山石打盹儿。市声又远远的，只有三五个苍蝇，嗡飞到了这里，嗡又飞到了那里。老鼠都会瞅空出来看看景的吧。"蝉噪林愈静，鸟鸣山更幽"，心跳都听得见扑腾呢。你说，山屋里的人，不该是无怀氏之民吗？

夏夜，自是更好。天刚黑，星就悄悄地亮了。流萤点点，像小灯笼，像飞花。檐边有吱吱叫的蝙蝠，张着膜翅凭了羞光的眼在摸索乱飞。远处有乡村味的犬吠，也有都市味的火车的汽笛。几丈外谁在毕剥地拍得蒲扇响呢？突然你听见耳边的蚊子嗡嗡了。这样，不怕露冷，山屋门前坐到丙夜是无碍的。

可是，我得告诉你，秋来的山屋是不大好斗的啊。若然你不时时刻刻咬紧了牙，记牢自己是个男子，并且想着"英国的孩子是不哭的"那句名言的话，你真挡不了有时候要落泪呢。黄昏，正自无聊的当儿，阴沉沉的天却又淅淅沥沥地落起雨来。不紧也不慢，不疏也不密，滴滴零零，抽丝似的，人的愁绪可就细细地长了。真愁人啊！想来个朋友谈谈天吧，老长的山道上却连把雨伞的影子也没有；喝点酒解解闷吧，又往哪里去找个把牧童借问酒家何处呢？你听，偏偏墙角的伙虫又凄凄切切唧唧而吟了。呜呼，山屋里的人其不怛然蹙眉颓然告病者，怕极稀矣，极稀矣！

凑巧，就是那晚上，不，应当说是夜里，夜至中宵。没有闭紧的窗后，应着潇潇的雨声、冷冷的虫声，不远不近，袭来了一片野兽踏落叶的窸窣声。呕呕呕呕，接二连三地噪叫，告诉你那是一只饿狼或是一匹饥狐的时候，喂，伙计，你的头皮不会发胀吗？好家伙！真得要蒙蒙头。

虽然，"采菊东篱下"，陶彭泽的逸兴还是不浅的。

最可爱，当然数冬深。山屋炉边围了几个要好的朋友，说着话，暖烘烘的。有人就偎依在床上，唏嘘也好，争辩也好，锁口默然也好，态度却都是那样淳朴诚恳的。回忆着华年旧梦的有，希冀着来日尊荣的有，发着牢骚、大夸其企图与雄心的也有。怒来拍一顿桌子，三句话没完却又笑了。哪怕当面骂人呢，该骂的是不会见怪的，山屋里没有"官话"啊，要讲"官话"，他们指给你，说："你瞧，那座亮堂堂的奏着军乐的，请移驾那楼上去吧。"

若有三五乡老，晚饭后咳嗽了一阵，拖着厚棉鞋提了长烟袋相将而来，该是欢迎的吧？进屋随便坐下，便尔开始了那短短长长的闲话。八月十五云遮月，单等来年雪打灯。说到了长毛，说到了红枪会，说到了税，捐，拿着粮食换不出钱，乡里的灾害，兵匪的骚扰，希望中的太平丰年及怕着的天下行将大乱。说一阵，笑一阵，就鞋底上磕磕烟灰，大声地打个呵欠，"天不早了。""总快鸡叫了。"要走，却不知门开处已落了满地的雪呢。

原来我已跑远了。急急收场："雪夜闭户读禁书。"你瞧，这半支残烛，正是一个好伴儿。

一九三四年四月六日，青岛万年兵营

难老泉

当铺，钱号，窄轨道，已经随着"土皇帝"的覆灭最后湮没了；煤炭，汾酒，老醋，却在人民的生活里广泛散发着热力和芳香。山西是个宝地，太行山、吕梁山像两只巨大的膀臂从东西两面环抱着它；黄河、汾河像两条鲜血流注的动脉滋润着它。谷物和矿藏显示着大地的富饶，抗日战争的业绩歌颂着人民的英勇。这里的高山、密林，城镇、村落，哪里没写过可歌可泣的故事呢？二十几年前在游击队里跟这个地区建立起来的血肉感情，现在依然是炽热的。像回故乡一样，带着浓挚的怀想我们踏进了山西。

山西的省会太原，是一座古老的美丽的城市。滚滚的汾河从城西流过。东有东山，西有西山，北有卧虎，南有鸡笼，太原正好坐落在一个肥沃的盆地里。城里一片黑瓦房，密密匝匝，处处是高墙深巷，几进的庭院。不过比起中华人民共和国成立后的新建设来，旧城显得太局促了。在宏伟的建设规模里，旧城只能算一个小小的角落。新建设中，不说别的，只城外一条宽阔的迎泽路，两旁就都是四届五层的高楼。迎泽路向西延伸，横跨汾河是一座十八个桥墩的迎泽桥，桥又宽又平，一直伸到西山脚下。这里矗立着多少厂矿的烟囱，浓烟弥漫，告诉人们新兴的工业是多么发达；街街巷巷熙来攘往的人群，有说有笑，呈现着一种繁荣的景象、欢乐的气氛。

过迎泽桥向南，沿西山山麓走五十里，是晋祠。在晋祠，我们访问了"难老泉"。

"难老泉"，听听名字就给人一种年轻的感觉。不必看见，就仿佛已经看见了。那喷涌的水源，那长流的碧波，永远是活泼泼的，青春常在的。在《滕王阁序》里王勃慨叹说"冯唐易老，李广难封"，比较起来，这"难老泉"实在值得叫人赞赏羡慕。

泉，论历史实际倒是很老的。从地质考察，据说有两万万年或者三万万年呢。据文字记载，"难老泉"是晋水的主要源头，古时候的晋国因晋水得名。晋国若是从"桐叶封弟"说起，到现在也该有三千多年了吧。"桐叶封弟"的故事，历史传说是这样的：

西周初年，武王姬发死后，他的大儿子姬诵还很小，就由周公姬旦扶助做了国君，就是成王。有一天，姬诵和弟弟叔虞在一块儿玩，他把一个桐叶剪成圭形，送给叔虞说："我拿这封你吧。"叔虞把这件事告诉了周公，周公就问姬诵："你要封叔虞吗？"姬诵说："我是跟弟弟说着玩的。"周公说："天子无戏言。"于是姬诵就把叔虞封为唐的诸侯。

叔虞到了唐，发挥了自己的智慧和才能，领导人民改良农田，兴修水利，发展农业，使人民生活逐渐安定富裕，就成为唐人爱戴的领主。

叔虞死后，他的儿子燮，因为境内有晋水，就改国号为"晋"。山西简称晋，就是从这里来的。后人为了纪念叔虞，在晋水源头建立了一座庙祀奉他，这就是"晋祠"。

晋祠坐西向东，前临曲沼，后拥危峰，水秀山明，风景是很幽美的。郦道元的《水经注》记载："沼西际山枕水，有唐叔虞祠。"看来晋祠在北魏以前就有了。当初也许规模并不很大，经过北齐高欢父子在这里起楼阁，筑池馆；唐太宗李世民亲自写了《晋祠之铭并序》；宋仁宗赵祯又在晋祠西端为叔虞的母亲邑姜修了宏伟壮丽的圣母殿。一代一代重修增建，现在已经成了一组祠庙建筑群。里边殿堂楼阁、亭台桥访，足有三百多项名胜古迹。像"鱼沼飞架""莲池映月""双桥挂雪"，每一种景物都各具形势，各有特色，引人入胜。其中"晋词三绝"，更深深吸引着游人的欣赏和留恋。

"晋词三绝"，一绝是"宋塑侍女"。在圣母殿里围绕着邑姜凤冠霞帔的坐像，有四十四尊侍女塑像，据说是宋朝的作品。塑像塑得精致、细腻，一个个都像活的。虽然身体的丰满俊美、脸形的清秀圆润、神态的婉约自然，都有共同的地方，但是四十四尊四十四个样子。有的像在沉思，有的像在凝视，有的像在缓歌徐吟，有的像在低声细语，还有的微笑，有的轻颦……衣裳，服饰，颜色，一切都那样逼真。走近去，你仿佛会听见她们说笑的声音，会感觉出她们呼吸的温馨。

二绝是"古柏齐年"。传说西周初年这里栽有两株柏树，因为同样古老，所以叫"齐年柏"。可惜有一株在清朝道光年间被砍伐了。剩下的一株，横卧如虬龙，斜倚在擎天柏上，披覆在圣母殿左侧。另有一株"长龄柏"，传说是东周时候栽的。

三绝就是"难老泉"。"难老泉"的来历，有一个美丽动人的故事：

传说在晋祠北边二十里地的金胜村，有一个姓柳的姑娘，嫁到了晋祠所在地的古唐村。她婆婆虐待她，一直不让她回娘家，每天都叫她担水。水源离家很远，一天只能担一趟。婆婆又有一种脾气，只喝身前一桶的水，故意增加担水的困难，不许换肩，折磨她。有一天，柳氏担水走到半路上，遇到一个牵马的老人，要用她担的水饮马。老人满脸风尘，看样子是远路来的，柳氏就毫不迟疑地答应了，把后一桶水送给了马。可是马仿佛渴极了，喝完后一桶水连前一桶水也喝了。这使柳氏很为难：再担一趟吧，看看天色将晚，往返已经来不及了；不担吧，挑着空桶回家，一定要挨婆婆的辱骂鞭挞。

正在踌躇的时候，老人就给了柳氏一根马鞭，叫她带回家去，只要把马鞭在瓮里抽一下，水就会自然涌出，涨得满瓮。

转眼老人和马都不见了。

柳氏提心吊胆地回家，试试办法，果然应验。以后她就再也不担水了。婆婆见柳氏很久不担水，可是瓮里却总是满的，很奇怪。叫小姑去看，发现了抽鞭的秘密。又有一天，婆婆破天荒允许柳氏回娘家，小姑拿马鞭在瓮里乱抽一阵，水就汹涌喷出，溢流不止。小姑慌了，立刻跑到金胜村找柳氏。柳氏正梳头，没等梳完，就急忙把一绺头发往嘴里一咬，一气跑回古唐村，什么话没说，一下就坐在瓮上。从此，水从柳氏身下源源不断地流出，流了千年万年，这就是"难老泉"。

这故事的题目叫作《饮马抽鞭，柳氏坐瓮》。晋祠背后的山叫悬瓮山，《山海经》里说："悬瓮之山，晋水出焉。"这大概就是"柳氏坐瓮"的根源。泉水从一丈深的石岩里涌出来，真有点像从瓮里涌出的样子。水的流量不小，一秒钟一点八吨。流水永远不停，雨涝不增，天旱不减。水微温。通常是十八摄氏度。泉水澄清碧绿，像泻玉泼翠一样。李白游晋祠曾题诗说，"晋祠流水如碧玉"，"百尺清潭写翠娥"。可以想见它的美丽。这道泉水，和鱼沼泉、善利泉，汇成普水南北两渠。除了供应居民食用，可以灌溉三万亩农田，开动一百盘水磨。范仲淹游晋祠曾赞美说："千家灌禾稻，满目江南田。"

从"难老泉"向前走几步，有水潭叫"不系舟"。水潭四周用汉白玉低栏围成船的样子，因此得名。潭水冬温夏凉，寒天水汽蒸腾，像云雾一样。水面有浮萍，潭底有水草，都冬夏常青。长长的水草随着流水波动，像风吹麦浪，荡漾起伏。有人题诗说："涓涓难老泉，分流晋祠侧，中有长生萍，冬夏常一色。"水潭中间是"中流砥柱"，也有一个令人惊心动魄的传说：

几百年前，这里南北两渠的农民，由于地主、土豪的挑拨，经常为争水互斗。天越旱，斗得越厉害。后来官府设下毒计，说要"调解"纠纷，就在潭边支一口滚沸的油锅，锅里放十枚铜钱，说：哪方有人能当众从锅里取出几枚铜钱，以后就分几分水量，判定之后，永免争执。这时候，从北渠的人群里，走出了一个青年，他勇敢地伸手从油锅里取出了七枚铜钱，于是北渠的农民就永远得七分水量。可是那青年因烫伤过重，当场死去了！

青年姓张，是晋祠山边花塔村人，人们称他为张郎。北渠的群众为了纪念他，就把他的尸骨埋在了"中流砥柱"下面。为了分水，在砥柱东面筑了一道石堤，在堤腰凿了十孔圆洞，南三北七。在东堤又筑了一道"人"字堰，作为南北两渠的分水岭，以免出堤后水流混合。

现在，不管南渠北渠，人民是一家。地成大块，水也统一调度。一边支应新建的热电厂用水，一边浇灌一千顷稻田。

一手是工，一手是农，晋水的无限潜力得到充分发挥了。这里边有更多的人用水力再创造的力量。

一九五六年初秋，我们一天经历了三十个世纪，欣赏了晋祠那样丰富的文物古迹。当我们出"对越坊"，沿"智伯渠"往回走的时候，回头看参天古木掩映下的楼台殿阁，看一抹果树林株株都满挂着累累的果实。右边十里稻花，左边烟囱入云，实在是兴奋。但是最难忘的还是"难老泉"。

到现在五个年头过去了，"永锡难老"，记忆还是新的。

一九六一年十一月二十日

岛上的季节

一

就开头吧。这里说的是那绿的青岛的事。

青岛的春天是来得很晚的。在别处，杨柳树都发了芽抽了叶，桃杏树都开了花绽了果的时候，青岛的风还硬得像十冬腊月一样，落叶树还秃光光的，没有透鹅黄嫩绿的意思哩。到三四月天，有的地方胖人们都在热得喘了，这里还得穿皮衣棉衣。所以那时候到青岛旅行的人，若然乘的是胶济火车，走着走着就凉了起来；在回去的路上，也是走着走着就热了起来。到"天街小雨润如酥，草色遥看近却无"的那境界，已经是初夏月份了。近海地方，气候变得这样慢，是很奇怪的。可是一声鹧鸪啼，报道阳春天果真到来的时候，青岛是有的可看的。先是那苍然的山松透的一层新翠就很够使人高兴得嚷起来呢。接着那野火烧不尽的漫坡荒草重新披起一袭绿衣，一眼望去就几乎看不到赭黄的土色了。街里边，住户人家，都从墙头篱畔探出黄的迎春花、红的蔷薇花来；红砖筑就的墙壁上满爬着的爬山虎，叶子也慢慢地一天天一天天地大，直到将整个的一座楼房完全涂成绿色。姑娘们换上各色各样的衣裳，少奶奶们也用了摇篮车推着娃娃在马路上散步的时候，那就是青岛春天顶热闹的季节了。日本的樱花也就在这时开放。

提起樱花，那的确是很热闹很艳丽的一种花。成行地盛开了起来，真像一抹桃色的彩云；迎风摆动着，怪妖冶的；像泡沫一样轻松柔软。日侨妇女不管游人的拥挤，在花下情不自禁地跳起舞来的都有。男子们也席地而坐发狂似的饮酒呼噪。落花时节，趁了大好的月色，约两三游伴去花下闲步，愿意躺在花荫度一个春宵的事，是常有人作如是想的。醉眠樱树下，半被落花埋，不是很有意趣吗？当你看花归来，初度觉得天气有点点煦暖，身上有点点慵倦的当儿，你就会叹息着说："这才是春天呢。"

在黄梅雨连绵洒落的日子，海上吹来的雾也特别多；往往三天两日的不见阳光，全市都迷蒙着糊涂着，那是怪令人烦厌的。身体素来羸弱的人，在这时候会疑惑自己生了什么肠胃病肺病，觉得浑身不舒服。但是亮蓝的天空捧出一幅浴罢的旭日来了，病也就跟着好了；一度晴天换一个欢悦，也挺妙。

二

五月梢就有人洗海澡了。夏天就那样悄悄地在大家不知不觉中偷进了青岛。在你还正以为是阳春天气呢，忽然，晌午时分，却已经要穿单衣拿扇子了。慢慢外国的水兵来了。各地避暑的人也来了。靠海边的房舍就十倍二十倍的房金涨上去。一个个的酒吧（bar），生意陡然兴隆了，常是挤满着泥醉的水兵和白俄罗斯的、朝鲜的舞女。灯红酒绿，音乐到午夜还兀自演奏不息。听吧：那"嘀喽"的声音，"好"（ok）的声音，洋车夫呼"黄包车"（Jinriksha）的声音，满街都是。这里那里全碰得到哼洋歌的人。喂，是青岛走运的时候喽。

正午，阳光正晒得炙热的时候，到海水浴场去，多远多远就望得见啤酒，冰激凌的旗帘高高地挑着。马路上熙来攘往的都是车马。你看啵，一排排的木房前面，卧在沙上的，撑了纸伞的，学生样子的，男男女女，老到有了胡须，小到刚会走的，都来洗澡来了。水里边，真是万头攒动。活泼的像游鱼，灵便的像野鸭，拙笨的像河豚，喳喳哑哑，曲线，海水，粗波细浪，他们哪里知道什么叫作热天，出汗是怎么回事呢。在水里浸着，在沙上晒着，有的人连饭都不回去吃，直待到傍晚才收拾散去。不是连夜里都有洗澡的吗？日子是过得那样悠闲的。

海上的落日最美：碧涛映着红霞，银浪掩着金沙，云霓的颜色也是瞬息万变的。加以海鸥飞回，翠羽翩翩，远远的帆影参差，舟楫来往，那晚景真值得使人流连忘返。

太阳落后，天上满挂了星斗，市上满亮了街灯，夜景也很宜人。海风吹来，又凉爽又潮润，白昼的半点炎热都完全消逝了。身上只感到清快。出来乘凉的人到处都是：海边石栏上有人，沙滩上有人，公共长椅上也有人。窃窃私语的，嘈杂喧闹的，就同夜市般热闹。不然，"轻车不辗纤尘地，十里洋街都似冰"，青岛的马路是有名的，并了肩走走"边道"，林丛山畔听听夜莺，也极恬适舒服。这样直至夜阑更深，还有汽车的喇叭响、游人咯啰咯啰的声音哩。没有多少蚊子，醒来，又一天了。

三

青岛八月天最热，过罢中秋才慢慢渡到道地的秋天去。因为节气晚，所以秋天也是姗姗迟到的。论到颜色的复杂，气候的温和，天空的晴朗，秋并不弱起春。单看重九后那遍野的红叶就抵得过阳春天那满山的花草不是。那不只是美丽，简直是灿烂；活像一大蓬火，一整坡笑，看了是会令人感慨、奋发、狂热的。到山上去逛，常常有野兔惊起，你可以尝到猎人的风味。野菊的香，弥漫在山岩谷豁间，又颇饶田家风韵、樵夫生涯。到树叶凋零的降霜时节，出门看出坡里的处处野火，那又是另一种情趣了。

眼看避暑的人走了，也没有了那天天喝醉酒的水兵，街市上便渐渐地冷落起来。很多酒馆歇业了，应时的舞女也一帮帮地载到了上海去，青岛的繁荣是该蛰栖的时候了呢。

年冬岁暮，才能算是冬天，到来年的三月初冬天还一个字儿地缠绵着；冬，哪怕是比较长远的一季吧。可是青岛市上唯有这一季没得可说，没得可玩。既稀罕大冰大雪，又缺少飓风骇浪，干吗呢？只有清晨绝早听一听驻军的号角，夜深人静领略领略礼拜堂的钟声而已。街上是冷清清的。夜晚八点商店就上门，路上的行人就稀疏寥落了。只散见的几个警察，抱了指挥棒，在伫立听海啸，和间或有的三五车夫，索索叫冷罢了。

匆匆就要过年了。

啊，是这样的青岛。

天冬草

　　仿佛是从儿时就养成了的嗜好：喜欢花，喜欢草。喜欢花是喜欢它含葩时的娇嫩同初放时的艳丽芬芳。喜欢草则是喜欢那一脉新鲜爽翠的绿同一股野生生蓬勃的氤氲。我还没见过灵芝，也伺候不了兰花之类，坡野里丛生蔓延的野草而外，以冬夏常青为记，我喜欢天冬。

　　喜欢天冬，要以初次见了天冬的那次始。说来就须回瞩远远的过去了。

　　那还是冬天，在一座花园的客厅里，围炉闲话的若干人中有着园主的姑娘在。她是光艳照人的，印象像一朵春花，像夏夜的一颗星，所以还记得清楚。记得清座边是茶几，隔了茶几摆得琳琅满目的是翡翠屏，是透剔精工的楷木如意，是漆得亮可鉴人的七弦琴。而外，再就是那么几架盆栽了。记得先是细叶分披的长长垂条惹了我的注意，又看见垂条间点缀了粒粒滚圆的红豆，好奇，因而就问起座侧光艳的人来：

　　"是什么草？"

　　"这纹竹吗？噢，叫天冬草呢。"

　　"可是冬夏常青的？"

　　"嗯，正是，冬夏常青的。"

　　"结种子的吧？"

"啊，结种子。这红豆就是。"

"红豆？'红豆生南国，春来发几枝'可就是这……"

那边略一迟疑，微微红了脸，像笑出来了几个字似的说："大概不是。"

"总会种了就出吧？请摘我几颗。"

就那样从水葱般的指端接过来，握了一把珊瑚色珠圆的种子，天冬与我结了缘。于今，转眼已是十年了。望回去多么渺茫想来又多么迅速的岁月啊！

听说那花园的姑娘早已出了阁，并已是两个宝宝的母亲了呢。

在故都，厂甸，毗连的书肆堆里，我曾有过一爿很像样的书斋来着。屋一门两窗，同别人分担也有个恰恰长得开一株老槐树的小小庭院。屋里两三架书，桌一几一，数把杂色座椅。为粉饰趣味，墙上挂了几幅图画；应景儿跟了季节变化也在花瓶水盂里插几枝桃杏花，散乱地摆几盆担子上买的秋菊之类。虽说如此，那自春及冬称得起长期伴侣的却是一盆天冬草哩。

提起那盆天冬，也是有来历的。原初一个柔性朋友，脂粉书报之暇，很喜好玩那么几样小摆设，窗头床头放几棵青草红花。人既细心，又漂亮，花草都仿佛替她争光，赚面子；凡经她亲手调理出来的，无不喜笑颜开带一副欣欣向荣生气。她有的一棵天冬，就是早早替她结了累累红豆抽了长长枝条的。可是，也许花草无缘吧，有那么一个时期，忽然那漂亮人像喜欢了一株大树似的喜欢了一个男子起来，并且慢慢地弄得废寝忘食，这是很神秘的：男，女，尽管相隔了千里远,或竟智愚别于天渊，就是一个美得像带翅膀的天使，一个丑得像地狱里的鬼，可是不知怎么有那么一朝一夕，悄悄地他们就会靠拢了来哩，甚而好得像迅雷紧跟了电光一般。巧妇笨男，俊男丑妇，是如此撮合的吧。这也是妒忌的根源。一边亲近，另一边就疏远，直到漂亮人去同那"大树"度蜜月的时候，屋里花草就成了九霄云外的玩意了。

未能忘情，她才——替它另找了主，分送了朋友。结果我有的就是那盆天冬。一则自己爱好，再则也算美人之遗，那盆天冬，就在那一个冬天得了我特别的宠幸。施肥哩依时施肥，灌溉哩勤谨灌溉。梳理垂条，剪摘黄叶，那爱护胜过了自己珍藏的一支羽箭，同座右那张皱眉苦思的贝多芬像哩。朋友来，总喜欢投主人所好，要竭力称赞那天冬，并将话远远牵到那前任的园丁身上，扯多少酸甜故事。因此，天冬在朋友当中便有了另一番情趣。那绿条红豆间也就常常晃着一个渺不可企及的美的影子了。今天卖花担上新买了一盆天冬，又将旧衣服——许多往事——给倒了一回箱。实在说，这是多事的。你看，那伊人的馈赠呢？那好人儿呢？那一帮热得分不开的伙计呢？唅！最怕吹旧日的好风啊！

现在，且将一盆天冬摆下，书室里也安排个往日的样子吧。管它外面偷偷挤来又偷挤去的是魑魅还是魍魉哩，进屋来好好收拾一下残梦要紧。敝帚千金，自己喜欢的就是异珍。出了门，尽管是千万个人的奴隶，关起门来，却是无冕的皇帝哩。怎么，有天冬草在，我便有壮志，便有美梦，便有做伴丽人；书，文章，爱情友谊也有吧，自己就是宇宙了呢。怎么样，小气的人啊，你瞧这天冬草！

人，往往为了小人伎俩而愤慨，碰了壁便丧气灰心，其实干吗呢？木石无知，小人非人，为什么要希冀粪土里会掏得出金呢？与其有闲去盼黄河水清、乌鸦变白，还是凭了自己的力去凿一注清流、养一群白鸽的好。烦人的事先踢开，且祷祝着心长青，有如座侧天冬草；并以天冬草、红豆作证，给一切抑郁的人铺衬一条坦荡的路吧。

一九三四年八月廿八日，万年兵营雨夜

啼晓鸡

犬守夜，鸡司晨，殆与人之食色相似，那是天性。

从很早就向往于"鸡犬之声相闻，人至老死不相往来"那种古朴的乡村生活。"狗吠深巷中，鸡鸣桑树颠"，渊明翁《归田园居》里的名句，也是从心底里爱好着，玩味不置的。这还不是什么遁世思想，有以寄迹山林；实是田野风物，那竹篱茅舍、豆棚瓜架之类，所给予的熏染过深的缘故所致。

在都市里，烟囱、楼厦挤得满满的；处处都是摩托车霓虹灯，交相辉映。人们黄昏起床，黎明就寝，昼夜生活压根给它翻了个儿，对守夜司晨的鸡犬之声他们怕很生疏吧。那同古昔战场上长矛盔甲一样，在氯气炮坦克车的队里，怪嫌寒乞的。于今，报晓嘛，有自鸣钟，有早号，有汽笛；防护嘛，有警察，有印度籍巡捕。鸡狗禽兽之裔，还不上一边去！你看，一更二更敲着梆子过夜的更夫，都躲到僻静的城角落去了呢。

可是，虽说如此，对喔喔的鸡啼、汪汪的犬吠，还是觉得有些亲近。无论在哪里听到，总仿佛遇故知还乡里般情味，这也许是没落的表征吧，对这点没落却是固执着的。你且想想看：秋天，晌午时分，老大的太阳，正煦暖地晒着，温嘟嘟的；在乡间，一个小村落里，谁家禾场上秋收后一大堆草垛的顶上，高高站了一只丽花大公鸡，骄傲地昂着头，尾上长长的飘翎招展着，那样洒脱，那样美，映了日光在熠熠闪耀。它摇摇地先兀自向四方眺望一会，忽然伸长了脖颈，"哥嘟嘟，"响亮地叫起来了。停一息，听了听什么，"哥嘟嘟，噢……"，又叫了一声。紧跟着，村南村北，村东村西，不知有多少雄鸡，百数十个吧，也一齐答了应声；这里喔喔，那里喔喔，远远近近，嚷成一片地闹着。你不神往吗？草垛跟前，谁家烂漫天真的孩子，手指点在腮边，红红的脸，都看呆了呢。"咯咯哒，咯咯哒，"你瞧，偏偏那边又来了母鸡生了蛋的呼唤，真叫人高兴！要是太平丰年，家给人足的时候，在这一阵正午的鸡啼声里，你想象不到家家的饭菜香及那食桌边熙和的情趣吗？

犬吠呢？你且别怕。虽则踏入一座山庄或走近一家宅院的时候，总会有瘦的、肥的，波波嗡嗡的大小狗，以凶凶嘴脸向你袭来示威；然而它不致就伤害你的，不过虚张声势，迎你过来送你过去而已。若真的在一家门口伫立稍久的话，那吠声便会给你唤出一个人来。"狗！谁呀？"清脆娇婉的声音，说不定还是一位桃花面素朴的姑娘哩。要是熟，就请进做个客人；不熟，"这家杏花开得真好！"或"枣都红满树了？"说了一句话就走也行。那条狗，一壁厢，却已用亲熟的目光注视着你，摇了尾巴了。

怎么样，可过瘾？

若然有工夫，以袖手旁观态度，看看鸡斗，瞧瞧狗打架，不也有趣吗？你看那胜者的趾高气扬，败者的垂头曳尾，就很令人兴感。甚而爱管闲事，以同情心驱策，都想打打不平。可是我不劝你去学唐明皇：因了喜欢民间清明节的斗鸡戏，便在宫中修了鸡坊，选六军五百小儿，养千数长安雄鸡，来驯扰教饲。那是满可不必的。"软温新剥鸡头肉"，不客气，他晚年原有点儿荒唐。养狗，而至喂肥了无所事事，去看它赛跑，逗裙边旋风呢，也无聊；酒色财气，鱼鸟狗马之什，成了癖，是都足以使人不争气，堕往泥潭里去的。

　　要真的像孟尝君的食客，鸡鸣狗盗，也罢了。本来嘛，鸡叫开关，偏偏夜才三更，不到鸡叫时候，你就学那一声，骗一回塞边鸡，骗一回守关人，有啥关系？总比愁白了头发还过不去关好得多多不是。看来伍员是比较笨的。"绛帻鸡人报晓筹"，《周礼·春官》中就有所谓祭祀夜呼以警百官早起的"鸡人"在。

　　说回来，犬以守夜吧，夜里犬吠却有点怕人。特别那一阵紧一阵慢，村犬猸猸然齐声乱吠，就往往把孩子们关在了被里，以为哪里又遭了毛贼了。大人们也不敢睡熟，惯常坐起来，警备万一的不测。鸡啼呢，就好似：长夜漫漫何时旦？当你在旅床上辗转不寐，风雨夜雷电交迫的时候，啼鸡一声，就有了盼头了。尽管是漆黑漆黑的黑夜，总敌不住一遍遍的鸡声相催，慢慢地东方欲白，月没星稀，就黎明了，就大亮了。

　　农家春耕季节，鸡叫头遍长工就起来喂牛。鸡叫三遍就带了犁耙绳索上坡。最怀念：闪烁的星天下，料峭的春风中，鸡啼声里，犬吠声里，那伴了三头耕牛，两只猎狗，一车农具的上坡人啊。咯啰啰的说话，隐约约的人影，犹如梦中。在跟前你不愿同他们一块儿走走吗？于我是迷恋着的，还有，除夕夜阑，祠堂前，家人正围绕着发纸马、烧金银锞、放鞭炮的时候，五更鸡啼也一声声频繁了起来，那情景又是怎样的静穆、深远呢！很多人童年记忆的网里，对此怕就打着很密的结吧。

　　鸡鸣的时辰真怪：在夜要欲曙天，在昼要日当午；阴雨也罢，冷暖也罢，到时辰就喔喔地啼了起来。且是那样有尺寸斟酌的。你万物的灵长啊，康德老先生那有名的哲学散步，虽以时间的准确，惹了人的异常叹服，但比之唱晓雄鸡，不是还有点距离吗？是不想，想来确够神秘。

　　有闻鸡起舞的故事，有长鸣鸡的传说，有野鸡群鸣的古磨笄山。

朝有"束带待鸡鸣",夜有"鸡声茅店月,人迹板桥霜"。喂,你锁在都城的朋友,笼里金丝雀与夫架上鹦鹉听够了,何妨于星月夜,驿桥边,胸怀郁悒时候,去听一听那千户万户的鸡鸣犬吠声呢。它是可以给你很多安慰、很多鼓舞的。不信,前路茫茫正自踌躇当儿,隐隐的雄鸡啼处,山那畔村舍就不远了。

一九三四年十月,于"山屋"

海

那年初冬凉夜，乘胶济车蜿蜒东来，于万家灯火中孤单单到青岛，浴着清清冷冷的风，打着寒噤，沿了老长老长的石栏杆步武彳亍，望着远远时明时灭的红绿灯，听左近澎湃的大水声音，我意识到了海。旅店里一宵异乡梦，乱纷纷直到黎明；晨起寂寞与离愁，正自搅得心酸，无意绪，忽然于窗启处展开了一眼望不断的水光接天，胸际顿觉豁然了。我第一次看见了海。从那起，日日月月年年，将时光于悲苦快乐中打发着，眨眼冬夏三五度，一大把日子撒手作轻云散去，海也就慢慢认识了，熟了，亲昵起来了。

忆昔初来的时候，地疏人生，寂寞胜过辛苦，常常躲着失眠，于静穆的晨钟声里起个绝早，去对着那茫无涯际的一抹汪洋，鹄候日出，等羲和驾前的黎明；带便看看变幻万千的朝霭，金光耀眼的滟涟水色，及趁潮解缆欸乃荡去的渔船。我曾凑晴明安息日，一个人跑到远离市镇的海滩，去躺在干干净净的沙上，晒太阳，听海啸，无目的地期待从那里开来的一只兵舰，或一只商船；悄悄地玩味着那船头冲击的叠浪，烟囱上掠了长风飘去的黑烟。我也曾于傍晚时分，趁夕阳无限好，去看落霞与孤鹜：就这样辗转相因，与海结了不解缘，爱了海。

爱海，是爱它的雄伟，爱它的壮丽。爱它的雄伟，不是因为它万丈深处有什么玲珑剔透的水晶官，有海若，有 Oceanus[①]，Neptune[②] 及其挽轻车的铜蹄骏马和金盔卫士；爱它的壮丽，也不是因为它那银色浮沫中曾跳出过司人间爱与美的维纳斯及善以音乐迷人的塞壬（Siren）女神，或凌波微步、罗袜生尘的宓妃之类。爱海的雄伟与壮丽还是因为海的根底里就蕴藏着雄伟，蕴藏着壮丽的缘故呢。不必夸张，不必矫情，只要对着那万顷深碧，伫立片刻，或初夏月明夜扁舟中飘流荡漾一回，你就会不自禁地惊叹，说说这样大的海、这样美的海啊！原来海不只是水的总汇，那也是力的总合呢。栽在它的怀里，你自己渺小得像一片草芥，还是像一粒尘沙，怕就连想想的工夫都没有。你不得不低头，服输。

因为爱海的缘故，读了古勒律己的《古舟子吟》，曾想跳上一只独横岸头的双桅舟，去四海为家，漂泊一世；将安乐与忧患，完全交给罗盘针，定向舵与夫一帆风顺；待到须发苍苍、日薄西山的时候，兀自泊上一处陌生的港口，将一身经历，满怀悲苦，向人们传播吐诉，那该是耐人寻味、耐人咀嚼的吧。读了盎格尔撒克逊[③]那民族缔造的历史，曾想啸聚一帮弟兄，炼一副钢筋铁骨身子，百折不回意志，去栉风沐雨，冒天险，大张除暴安良、拯贫扶弱旗帜，横冲直撞出入于惊涛骇浪中；只要落落大方，泄得万种愤慨，海寇名家，徽号也是光荣的。人生事事不称意的时候，读了《论语》卷内仲尼老先生乘桴浮于海的话，也曾想，像陶渊明东篱采菊、苏东坡夜游赤壁，就到海上蓑衣垂钓悠然鼓枻地过过疏散生活也好。可惜既非豪俊，又非明哲，亦非隐人逸士，草草白日幻梦殊不足为训已耳。无何，就姑且造若干渔船，到海里去斩长鲸，擒浪里白条，秋网蟹，冬拿海参，改行做个

---

① Oceanus，俄亥阿诺斯，海洋之神。

② Neptune，海王星。

③ 现译为盎格鲁－撒克逊。

渔户也好吧？再不然，就煮海为盐，拿取之不尽用之不竭的海水与阳光，去穷乡僻壤给只吃得起咸菜粥的农夫农妇换换口味亦佳。只要有海在，便尔万般皆上品了，何必苟求。

正经说：倒是挺羡慕一个灯塔守者。看它孑然独处，百无搅扰，清晨迎着太阳自海上出，傍晚送着太阳向海上落；夜来将红绿灯高高点亮，告诉那迷途海航人，说：平安地走吧。就到家了。这边一路是码头，那边才是暗礁。码头上有好船坞，有流着的金银；有男女旅客，有堆满着的杂粮货物，热闹得很哩！说：这来，是从哪里拔锚的？路程很远吧？海那边可也是闹着饥荒？还是充溢着升平景象呢？说：这来，带的都是些啥样客人？有莽汉吧，有娇娃吧，有锡兰岛的珍珠吧？……尽管谁也不理会，无音的回答，就够理解，就够神秘。若然风雨来了，便姑且爬上灯塔的最高梯，张开大海一样宽阔的怀抱，应了闪闪电光与霹雳雷鸣，去听那发了狂似的咆哮的海涛，我知道胸际热情翻滚着，你会引吭高歌的。至若晴明佳日，趁日丽风和，海不扬波，去闲数白鸥飞回，看鱼跃，听塔下舟子歌。

海风最硬。海雾最浓。海天最远。海的情调最令人憧憬迷恋。海波是旖旎多姿的。海潮是势头汹涌的。海的呼声是悲壮哀婉、訇然悠长的。啊，海！谁能一口气说完它的瑰玮与奇丽呢？且问问那停泊浅滩对了皎皎星月吸旱烟的渔翁吧。且问问那初春骄阳下跑着跳着捡蚌壳的弄潮儿吧。大海的怀抱里就没有人能显得够天真、够活泼、够心胸开阔而巍然严肃的了。

我常常妄想：有朝一日有缘，将身边羁绊踢开，买舟去火奴鲁鲁，去旧金山，去马尼拉，去新加坡，去南至好望角，北至冰岛，绕那么大大一圈，朝也海，暮也海，要好好认识，认识认识海的伟大。喂，你瞧！那乘风破浪驶过来的说不定就是杰克逊总统号呢。

一九三四年十二月于青岛

羽 书

羽书，或羽檄，翻成俗话，应是"鸡毛翎子文书""鸡毛信"。这东西仿佛是很古就有的。《汉书注》里说："……以木简为书，长尺二寸，用征召也，其有急事，则加以鸟羽插之。"《史记》里也有"以羽书征天下兵"的话。出于古诗词的，更数见不鲜，如：高适的《燕歌行》里"校尉羽书飞瀚海，单于猎火照狼山"，岑参诗里的"羽书昨夜过渠黎，单于已在金山西"，都是。想来，羽书是用之于紧急军事的无疑。因为，古时候虽有睿智如诸葛先生者，能发明木牛流马用作战争利器，但用电波来传话、递报的事却还没人晓得。信鸽呢，难得役使自如；蜡丸书呢，又嫌麻烦费事；于是檄文插羽毛，意使急行如飞，就算尽紧张迅速之能事了。不信，那木简的另一面所常写的"速速速"的字样，就很敌得过于今电文上的"十万火急"。

童年在家乡当小学生的时候，曾朦胧记得有过"鸡毛翎子文书"下乡的故事。说朦胧，那是岁时月日记不清的意思；留的印象却很深很深，至今回想，还历历在目。

是一个黄昏。黄昏，在中年人易多闲愁，"闲愁似与黄昏约"；在小孩子就易生恐惧。那晚也是。都吃了晚饭罢，巷口有的是立着谈闲天的人。有牵了牛到村边湾里去饮牛的。家家门口的狗在冷打慢吹地吠着。也有谁家妈妈唤孩子的声音。空气很平静，不，又有点儿异样的浮动。忽然一个邻庄的小伙子跑来了，满头是汗。对，是冬天，有点风呢。那人穿着短袄，扎着腰，戴一顶瓜皮毡帽。跑到人丛里，站定了还喘。说是找庄长。问："什么事？"他喳喳着说："鸡毛翎子文书！"声音很低，但很清楚，很有力。站在周围听的人脸上都立刻罩了一层严肃与矜持，互相看看，也偷偷回头瞧瞧，气氛恰像深秋的霜朝。我那时虽还小，是头一次听说"鸡毛翎子文书"，但也打了一个寒噤，为什么却不知道。

有人把庄长请来了。不知谁去的，那样快，一请就到，仿佛原就在眼前似的。那人从腰里掏出文书来，又叽叽喳喳地说："口子镇，啊啊，初五鸡叫赶到！三个，啊啊，每人一根白蜡杆，两束干草。啊啊，一庄传一庄。不得有误！不去的烧……"他说着，大家一壁听，一壁看他手里的一个木牌，那就是文书了。方方的，下端有柄，顶头插两根鸡毛，正面写字，是"速速速"。听着看着，人人的嘴都闭紧了，身上顿时充满了小心与力！庄长接过木牌来，手都哆嗦了。即刻吩咐，结果是家里一匹马应差出发了。骑马的是铁蛋百顺。

记得，天紧跟着就黑了，漆黑。我被父亲看了一眼，就跟着家去了。

狗仿佛都不再吠，沉默锁住了全村，像暴风雨的前夜。

那晚，家里的马回来似乎已半夜了。大门是上了锁又开的。

过了几天，忘记是几天了，初五。口子镇上发了大火，烧的是各村带去的干草。县长的轿子在那里被农民捣毁了。坐轿子的是上头派下来的量地委员，受了重伤。县长听说是化装成庄稼老头逃跑了的：穿着破棉鞋，棉袄露了瓢子，也戴一顶瓜皮毡帽。说是一天没吃饭，叫了人家"大爷"，人家才给了一口饭汤喝；都传得有名有姓。

后来事情怎样进展不很清楚，只知道当时城里好几天没有官。要丈量地亩的也不丈量了。

这是一回"鸡毛翎子文书"的事。从那直到现在没再听说哪儿还闹过这玩意，可是总觉得哪儿是在闹着。速！速！速！很快就集合了大帮人，烧着大火，千万根白蜡杆底下，有人被打倒了，有人被赶跑了，生活总要变变样子。那"鸡毛翎子文书"像雷公电母，又像天使，它散布着风雨，也常是带着幸福，在飞！

八月十五，把异族侵略的敌人一宿中间从中原版图上肃清，民间是有过传说的。那真是悲壮，痛快，可歌可泣的历史的页数！可是谁发的命令呢？多言的嘴是怎样用秘密的封条封拢的？觉得神妙了。我想，传递消息会用的是"鸡毛翎子文书"吧？虽说山遥水阻，交通多滞塞不便，但你晓得，羽书是会飞的！虽说中原版图辽阔，足迹殆难踏遍，然而，速速速，羽书是飞得快的！虽说，敌人已布满了中原，混进了户户家家，做了户户家家的主人，但，你要明白，愤怒锁在了每个中国人的心里，血液都被狠毒煮沸了，即使怒不敢言，笑里也可以藏得住刀子！哪怕它敌人再多些，只要下深了锄，自然会连根也拔尽了的！。

啊，"鸡毛翎子文书"飞啊！去告诉每个真正的中国人，醒起来，联合了中国人民真正的朋友，等哪一天，再来一个八月十五！

一九三六年二月四日大风夜

我还没有见过长城

真惭愧，我还没有见过长城。

记得六年在故都，我曾划过北海的船，看那里的白塔与荷花；陶然亭赏过秋天的芦荻、冬天的皓雪；天桥，听云里飞，人丛里瞧踢毽子的、说相声的；故宫与天坛，我赞叹过它的壮丽和雄伟；走过长长的西长安街，与挤满了旧书及古董的厂甸；西郊赶过正月十五白云观的庙会，也趁三月春好游过慈禧用海军费建造的颐和园，那里万寿山下有昆明湖，湖畔有铜牛骄蹇。东郊南郊都作过漫游，即无名胜，近畿小馆里也可以喝茶，吃满汉饽饽。还有走走就到的东安市场，更是闲下来蹦跶的大好地方。可是，六年，西山温泉我都去过，记得就没去什刹海。为此，离开了故都曾被人嫌弃说"太陋"，说："什刹海都没逛过，还配称什么老北京！"当时真也闭口无言。有一年发狠，凑巧有缘重返旧京，记得还没有进旅馆的门就雇好了去什刹海的车子。夏天，正赶上那里热闹：地摊子戏，搭台的茶座，直挨着访问了个足够。印象仿佛并不好，心头重负却卸去了。记得第二天，才有空去文津街，进图书馆。

现在想：什刹海不见算什么呢？没去看长城才是遗憾！啊，万里长城！去北京只不过几个钟头的火车。

万里长城，孩提时的脑子里就早已印上它伟大的影子了。读中国古代史，知道战国时候，魏惠王、燕昭王、胡服变俗的赵武灵王，都曾段落地筑过长城，来卫国御胡；秦始皇遣蒙恬斥逐匈奴之后，又因地形，制险塞，从临洮至辽东将长城来了个连络的修筑，广袤万余里；工程的浩大，那不是隋朝的运河，以及非洲的苏伊士所能比拟的。秦始皇焚书坑儒，建阿房，销兵器，千百年来在人们的脑子里留下的是一个暴君的影子。独独万里长城至今亮在祖国人民的心里，矗立在祖国连绵的山上，成为文明古国的标志。这不是因为万里长城是秦始皇的什么丰功伟绩，而是因为它是几千万古代劳动人民血肉的结晶！

曩昔，在万年书屋，听主人告诉：有一次趁京绥车，过南口车站，意欲去青龙桥，偶尔站台小立，顺了一目荒旷的山麓望去，遥瞻依地拔天的万里长城，那雄伟的气象，使你不觉要引吭高呼。嵯峨的山巅上是蜿蜒千回的城墙，是碉堡，是再上去穹窿似的苍天。山下是乱石，是谷壑，是秋后的蔓草婆娑。西风刷过，那一脉萧萧声响，凄凉里含了悲壮，令人巍然独立，觉得这世间只有自己，却又忘怀了自己。很记得，主人说时，从沙发椅上跳起来，竖起大拇指，蔼然的脸上满罩了青年的光辉。记得从万年书屋出来的归途，披了皎洁的三五月，自己迈的是鸵鸟般的大步。

又一回，一个青年画家朋友，谈到自己绘画的进步，说几乎像英国拜伦一觉醒来成了桂冠诗人一样，是逛了一次长城，才将笔法放开，心胸也跟着宽阔了的。那谈吐的神情，也简直令人疑惑他生生吞下了一座长城的关口。是呢，听说太史公司马迁周览了名山大川，文章才满蕴了磅礴的奇气。江南风物假若可以赋人以清秀的姿容、艳丽的才藻，塞北的山峦与旷野是会给人以结实的体魄、雄厚的灵魂的。啊，长城！

从山海关一路数去，你知道吗？像喜峰口、古北口，像居庸关、雁门关，一个个中原的屏藩要塞，上口真要有霹雳般的响亮呢。一夫当关，万夫莫敌，守得住一处，就可保得几千里疆域。啊，真愿意挨门趋访，去问问古迹，温温古名将的手泽，从把守关口的老门丁和城下淳朴的住户那里，听取一点孟姜女的传说，金兀术与忽必烈的史实。但是我还没去！

朋友，你可想过，在长城北边，那黄河九曲唯富一套的地方，带一帮茁壮的男女，去组织一处村落，疏浚纵横支渠，灌溉田亩，做一番辟草莱斩荆棘的开垦事业吗？那里土地最肥，人烟还稀。你可想过，在大兴安岭的东南、阴山山脉的南部那一抹平坦的原野，去借滦河、饮马图河的流水，春夏来丰茂的牧草，来编柳为棚，垒土为壁，于"马圈子"里剔羊毛，养骆驼，榨牛奶吗？那工作顶自由，顶洒脱。不然，骑马去吧！古北口的马匹有名哩。凑晌日当头，在平沙无垠的原野里，你尽可纵身于野马群中，跨上一匹为首的骏骥，其余的会跟你呼啸而至的。不要怕那嗷嗷嘶声，那不是示威，那是迎接的狂欢，你就放胆驰骋奔腾吧，管许将你满怀抑郁吹向天去。"毡幕绕牛羊，敲冰饮酪浆"，那边塞寒冬霏雪凝冰时的生活，你也想尝尝吗？住蒙古包，烤全羊，是有它的滋味的。汉王昭君曾戎装乘马抱琵琶出塞而去；文姬归汉，也曾惹得胡人思慕，卷芦叶为吹笳，奏哀怨的十八拍。巾帼中有此矫健，难道你堂堂须眉就只知缩了尾巴向后退吗？

唉，说什么，朋友，我还是没见过长城！在恨着自己，不能像大鹏鸟插翅飞去；在恨着自己，摆不脱蜗牛似的蹊径和周身无名的索链。投笔从戎倒好，可惜没有班仲升的韬略。景慕张骞，景慕马援，但又无由出使西域，去马革裹尸。奈何！唅，"匈奴未灭，何以家为！"汉骠骑将军霍去病那才算有骨头！无怪他六出伐匈奴，卒得威震异域。

我还没见过长城！但是，长城我是终于要见见的！有朝一日，我们弟兄从梦中醒了，弹一弹身上的懒惰，振一振头脑里的懵懂，预备好，整装出发，我将出马兰峪，去北面的承德、赤峰；出杀虎口，去归绥、百灵庙；从酒泉过嘉峪关，去安西、哈密、吐鲁番。也想，翻回来，再过过天下第一关，去拜拜盛京，问候问候那依旧的中国百姓！

　　长城，登临匪遥，愿尔为祖国屏障，壮起胆来！

一九三六年二月十七日

记一辆纺车

我曾经使用过一辆纺车，离开延安的那年，把它跟一些书籍一起留在蓝家坪了。后来常常想起它。想起它，就像想起旅途的旅伴、战场的战友，心里充满了深深的怀念。

那是一辆普通的纺车。说它普通，一来它的车架、轮叶、锭子，跟一般农村用的手摇纺车没有什么两样；二来它是延安上千上万辆纺车中的一辆。的确，那个时候在延安的人，无论是机关的干部、学校的教员和学员，也无论是部队的指挥员和战斗员，在工作、学习或者练兵的间隙里，谁没有使用过纺车呢？纺车跟战斗用的枪、耕田用的犁、学习用的书和笔一样，成为大家亲密的伙伴。

在延安，纺车是作为战斗的武器使用的。那是在抗日战争最艰苦的时候，国民党反动派发动反共高潮，配合日寇重重封锁陕甘宁边区，想困死我们。我们边区军民热烈响应毛泽东同志的伟大号召，"自己动手，丰衣足食"，结果彻底粉碎了敌人围困的阴谋。在延安的人，在所有抗日根据地的人，不但吃得饱，而且穿得暖，坚持了抗战，争取到了抗战的最后胜利。开荒，种庄稼，种蔬菜，是保证足食的战线；纺羊毛，纺棉花，是保证丰衣的战线。

大家用纺的毛线织毛衣，织呢子；用纺的棉纱合线，织布。同志们穿的衣服鞋袜，有的就是自己纺线或者跟同志们换工劳动做成的。开垦南泥湾的部队甚至能够在打仗、练兵和进行政治、文化学习而外，纺毛线给指战员发军装呢。同志们亲手纺线织布做的衣服，穿着格外舒适，也格外爱惜。那个时候，人们对一身灰布制服、一件本色的粗毛线衣，或者自己打的一副手套、一双草鞋，都很有感情。衣服旧了，破了，也"敝帚自珍"，不舍得丢弃。总是脏了洗洗，破了补补，穿一水又穿一水，穿一年又穿一年。衣服只要整齐干净，越朴素穿着越随心。西装革履，华丽的服饰，只有在演剧的时候做演员的服装，平时不要说穿，就是看看也觉得碍眼、隔路。美的概念里是更健康的内容，那就是整洁、朴素、自然。

纺线，劳动量并不太小，纺久了会胳膊疼腰酸。不过在刻苦学习和紧张工作的间隙里纺线，除了经济上对敌斗争的意义而外，也是一种很有兴趣的生活。在纺线的时候，眼看着匀净的毛线或者棉纱从拇指和食指中间的毛卷里或者棉条里抽出来，又细又长，连绵不断，简直会有一种艺术创作的快感。摇动的车轮，旋转的锭子，争着发出嗡嗡嘤嘤的声音，像演奏弦乐，像轻轻地唱歌。那有节奏的乐音和歌声是和谐的、优美的。

纺线也需要技术。车摇慢了，线抽快了，线会断头；车摇快了，线抽慢了，毛卷、棉条会拧成绳，线会打成结。摇车，抽线，配合恰当，成为熟练的技巧，可不简单，需要用很大的耐心和毅力下一番功夫。初学纺线，往往不知道劲往哪儿使。一会儿毛卷拧成绳了，一会儿棉纱打成结了，纺手急得满头大汗。性子躁一些的人甚至为断头接不好生纺车的气，摔摔打打，恨不得把纺车砸碎。可是那关纺车什么事呢？尽管人急得站起来，坐下去，一点也没有用，纺车总是安安稳稳地待在那里，像露出头角的蜗牛，像着陆停驶的飞机，一声不响，仿佛只是在等待，等待。一直等到使用纺车的人心平气和了，左右手动作协调，用力适当，快慢均匀了，左手拇指和食指间的毛线或者棉纱就会像魔术家帽子里的彩绸一样无穷无尽地抽出来。那仿佛不是用羊毛、棉花纺线，而是从毛卷里或者棉条里往外抽线，线是现成的，早就藏在毛卷里或者棉条里的。熟练的纺手，趁着一豆灯光或者朦胧的月光，也能摇车，抽线，上线，一切做得优游自如。线上在锭子上，线穗子就跟着一层层加大，直到沉甸甸的，像成熟了的肥桃。从锭子上取下穗子，也像从果树上摘下果实，劳动后收获的愉快，那是任何物质享受都不能比拟的。这个时候，就连起初想砸碎纺车的人也对纺车发生了感情。那种感情，是凯旋的骑士对战马的感情，是"仰手接飞猱，俯身散马蹄"①的射手对良弓的感情。

纺线有几种姿势：可以坐着蒲团纺，可以坐着矮凳纺，也可以把纺车垫得高高的，站着纺。站着纺线，步子有进有退，手臂尽量伸直，像"白鹤亮翅"，一抽线能拉得很长很长。这样气势最开阔，肢体最舒展；兴致高的时候，很难说那是生产，是舞蹈，还是体育锻炼。

为了提高生产率，大家也进行技术改革，运用物理学上轮轴和摩擦传动的道理，在轮子和锭子中间安装加速轮，加快锭子旋转的速度，把手工生产的工具变成半机械化。大多数纺车是在纺羊毛、纺棉花的劳动实践中培养出来的木工做的；安装加速轮也是在劳动实践中大家摸索出来的创造发明。从劳动实践中还不断总结出一些新的经验。譬如，纺羊毛跟纺棉花常有不同的要求：羊毛要松一些，干一些；棉花要紧一些，潮一些。因此弹过的羊毛要卷成卷，棉花要搓成条，烘晒毛卷和阴润棉条都有一定的火候分寸。这些技术经验，不靠实践是一辈子也不知道里边的奥妙的。

_____

① 见曹植：《白马篇》。

　　为了交流经验，互相提高，纺线也开展竞赛。三五十辆或者百几十辆纺车搬在一起，在同一个时间里比纺线的数量和质量。成绩好的有奖励，譬如，奖一辆纺车，奖手巾、肥皂、笔记本之类。那是很光荣的。更光荣是被称为纺毛突击手、纺纱突击手。竞赛，有的时候在礼堂，有的时候在窑洞前边，更有的时候在山根河边的坪坝上。在坪坝上竞赛的那种场面最壮阔，"沙场秋点兵"或者能有那种气派？不，阵容相近，热闹不够。那是盛大的节日里赛会的场面。只要想想：天地是厂房，深谷是车间，幕天席地，群山环拱，怕世界上还没有哪个地方哪一种轻工业生产有那样的规模哩。你看，整齐的纺车行列，精神饱满的纺手队伍，一声号令，百车齐鸣，别的不说，只那嗡嗡的响声就有点像飞机场上机群起飞、扬子江边船只拔锚。那哪是竞赛，那是万马奔腾，在共同完成一项战斗任务。因此竞赛结束，无论是纺得多的还是纺得比较少的，得奖的还是没有得奖的，大家都感到胜利的快乐。

　　就这样，用劳动的双手，自力更生。纺线，不只在经济上保证了革命根据地的人大家有衣穿，使大家学会了一套生产劳动的本领，而且在思想上还教育了大家认识"劳动为人生第一需要"[1]的意义；自觉地克服了那种"认为劳动只是一种负担，凡是劳动都应当付给一定报酬的习惯"[2]。劳动为集体，同时也为自己。在劳动的过程里，很少人为了个人的什么去锱铢计较；倒是为集体做了些什么有意义的事情，才感到是真正的幸福。

　　就因为这些，我常常想起那辆纺车。想起它像想起老朋友，心

---

[1] 见马克思：《哥达纲领批判》。

[2] 见《列宁全集》第31卷：《从莫斯科—喀山铁路的第一次星期六义务劳动到五一节全俄星期六义务劳动》。

里充满了深深的怀念。围绕着这种怀念，也想起延安的种种生活。在党中央和毛主席的周围工作、学习、劳动，同志的友谊，革命大家庭的温暖，把大家团结得像一个人。真是既团结、紧张，又严肃、活泼。那个时候，物质生活曾经是艰苦的、困难的吧，但是，比起无限丰富的精神生活来，那算得了什么！凭着崇高的理想、豪迈的气概、乐观的志趣，克服困难不也是一种享受吗？

跟困难作斗争，其乐无穷。

——记一辆纺车。

一九六一年二月十五日，春节

夜发灵宝站

东开的辎重汽车，在函谷关下被阻于弘农河窄窄的木板桥，我们便有了在灵宝车站改乘火车的机会。啊，阔别了八个月的火车，睡梦里都是汽笛的鸣声呢，像对人一样，热切地想念着。

时候是初冬，一九三八年十一月十七日。

灵宝车站，北面正对着与铁道平行奔流东去的黄河；黄河水翻滚着混浊的泥浆，愤怒似的发着汹涌汩汩的声音。天气是阴沉的，傍晚时分而看不见夕阳，风不大却遍天弥漫着黄腾腾微细的尘沙，又清冷，人们的心情也就极容易凄切冷漠了：像有家归未得。

在这种乡僻野站，惯于行旅的人该会记得吧？承平年月风和日丽的时候，一定是：打扫得清清楚楚，在碎砂铺就的站台上，来往踱着穿了青色制服的路警，那么干净利落，迈着匀整的脚步，皮鞋踏地发着踏踏的声音，再配合着哪里传来的一两声口哨，候车人，哪怕是辞家远别呢，心里也会透上一脉轻松。车站旁边少不了摆几个小摊，卖花生，卖糖，卖冰糖葫芦和纸烟，吆喊着，竞赛着嗓音的嘹亮，专等那些出门大方和候车感到无聊的顾客。车尽不来，三等候车室里无妨"摆龙门"，唱二黄；一听电话的铃声响了，呜呜的叫号吹了，白天打了红绿旗子，夜里提出了红绿灯，人们这才争着买票，扛行李，向站台一哄挤去……

于今，那情形已成了梦境了。回忆里该是温馨的。一想到"坐火车了"，你绝不会相信这段陇海路上的火车是你可以自由乘坐的唯一的火车。这站上荒凉的情形也正是中国各条铁路各个车站一般的情形：票房没有了门，没有了窗子；递票的地方是用破碎的煤油木箱拼凑起来的。候车室没有顶，整个地露着天空。屋角落里过去是安放公共座椅和痰盂的地方吧，现在却堆满了砖块同瓦砾。指示站名的路标，只剩了"车站"两个字歪斜地挂在要倒的柱子上。站台上看不见穿着整齐的路警，也不见戴了黄箍帽的站长那样的人物。没有小摊，没有红帽子行李夫，只零零落落三几个候车人、兵、难民，在焦躁而又忧戚地徘徊着，在小声咕噜地说话。比较嚷得高声些，话也仿佛津津有味的是一位胖胖的站务司事。

站务司事，矮矮的，胖得眼睛挤成一条细缝，说话时脸微微向上仰着，腰挺得很直，短短的两只手臂交握在背后，一顶漆光的黑军帽，一身蓝布制服，告诉着他的身份和履历。当你走过去的时候，你可以听到他正在回答一个旁边人的问话：

"……这不是飞机炸的，是隔河炮轰的，足足放了三百多炮。一炮打中了水塔，你瞧水塔全毁了；一炮照着候车室过来，就将这候车室的顶盖给揭去了。"

说着，一一指给你，并告诉你隔了黄河的东北方，那一抹树林后边的高地就是敌人的炮兵阵地。

"这里来过飞机吗？"有人问他。

"来过，可是没有'下蛋'。这里老百姓不怕飞机。说：'喜虫（麻雀）满天飞，有几个把（屙）在人的头上！'大炮却不同，因为领教过了；不过慢慢地习惯了，也就不觉什么了。反正敌人放炮，咱就躲开；敌人不放了，咱就再回来。想到这边来是不容易的；

黄河是天险，老百姓是血肉长城。"

站务司事言谈间是饱经世故的神气，自信力极强，兴致很高。

"车站被轰的时候伤人没有？"又有人问。

"怎么没伤人！吓，二月十三那天是敌人第三次放炮，老李躲在水塔底下，不是炸得连尸首都找不着吗？——真惨！这碑上贴了个耳朵，那树上挂了半截腿。您不知道，这墙上一块块黑乎乎的地方就都是当初炸飞了的碎肉。"

"说来也该着。十二那天，二十七次车刚到，隔河的炮就响起来了，轰隆！轰隆！客人跑了个精光。两个护路的弟兄说我们也躲躲吧，这时候不会出岔子。谁想两个人脚刚刚踏上站台，就着了一炮。一个弟兄当场死了，又一个受了重伤连半点钟没能挨过也完了。老李那天还从他们身上摸出来一颗怀表、两张五块钱的交通票，谁想第二天他也跟着走了……"

"啊！"四围听的人摇摇头，沉默着，正替牺牲了的人表示无限的哀悼与感触的时候，站务司事却又换了另一种语调说了另外一些事：

"哼，什么世道啊！我十五岁吃火车饭，现在五十五，整整四十年了，从没过过这种日子。内战打过多少，却总是前线弟兄们拼，绝不会乱杀乱砍，老百姓也跟着遭殃。谁怕过！现在世面却见大了。

"就说这火车，那会见天价准时到准时开；蓝钢皮，头二等卧车，那才叫体面。于今好，连铁闷子、敞篷车还都不按钟点……"

天黑了，夜幕盖下来，也刮起了凛冽的风。

是的，去年年底徐州到蚌埠我走过津浦路，记得那时为了避免敌机轰炸趁夜才能开的车，多半是载运难民同军队的。随了军队开拔的那天夜里，候车的时候看见偌大一个车站，站台上却只能找到一两担卖烧酒的摊子；摊子上点一盏灯笼。生一笼火，算是左右的光亮，够黯淡了。人，乱糟糟的，杂沓得很。虽也有说笑，总觉无限寂寞与凄凉。望望天上的星，冷冷的，满怀说不出的凄苦。

今春过郑州，正赶上午夜；独自一个人，下车找不到行李夫，找不到车子，孤单得仿佛整个车站就只你一个从那里飘来的影子。车前两颗妖怪眼睛似的灯，射着惨白的耀眼的光，躺在光波里的是车站两旁被炸得东倒西歪残破的街屋。随便碰见一个什么人，问问他："这里旅馆都在哪里？"

"哪里还有什么旅馆，靠近的房子差不多都炸平了！"掷过来的是这样冰冷的不耐烦的回答。

像做着噩梦一样，跟着只能吃饭不能留宿的小饭铺里的伙计，走到荒野里草草搭就的席棚里，好歹混了半宿；豆大的灯光下写信给朋友的时候，疑惑自己是误入荒冢的孤魂，几乎发了疯。

也是今年春天坐车，正遇着一个胶济铁路的工人，同他靠车窗谈起青岛来，像数家珍，他告诉我那辆车厢的故事。他说："这是当初做过'国际列车'的，夏天避暑的时候，由青岛可直通北京。坐垫做得特别讲究，特别软。头等车不算，额外有卧车，有花车、游览车；还有洗澡间、吸烟间。……到车上来，真是什么都有了，住家也没有那样便当，那样舒服。现在好，人失了业，车也落脱到这个样子了。"

他忽然转过脸去，用手抚摸着车窗的玻璃，尽自向外望着；看得出的，他眼里满是眼泪！

唉，我们的地方，我们的人啊！为什么被那些野兽如此地践踏蹂躏？多少事实激动你，心狠，真是将牙根咬碎！无缘无故就跳了起来的事是常有的。然而那时轰炸罢了，侵占罢了，自家的铁路终还有几条可以往来畅达啊。如今，如今却只剩了这陇海路的半段！可是，剩了这半段铁路的今天，我倒感到那些时候感情太脆薄，心肠太软了。

现在我踏着的是到火线去的路！

啊，灵宝车站，别了，车厢里摸索着向渑池进展。

已是夜里。车厢里真黑，什么亮都没有，仿佛连听人说话也要摸索着听似的。也只有摸索着听人说话了。不像平时，看秀美的面容，看打盹人的姿态，看书报，看沿途风景。现在真是一无可干啊！刚好，有哪个部队里一位操四川口音的副官或传令兵一类的小伙子正在演说八路军呢，传奇一样，有枝有叶的，听来很有味道。

"……我亲眼见过朱师长，脸黑黑的，穿得破布褴褛的，戴一顶鸭舌帽。经常连个护兵也不带，就出来和老百姓一块儿晒太阳谈天。哼，从前还'围剿'，好容易，四下里围得紧紧的，水泄不通，以为这回可跑不了了吧？却不知他老人家早已拄着小拐棍慢步逍遥地走了。从你眼前过，还抬头看了你一眼，你却不知道。

"人家真行：说打日本，就打日本，自家人无论多大仇恨，都一笔勾销。

"人家本来好嘛，无论官兵夫，一律待遇：每月一块钱饷，就大家都一块钱饷，小兵一块，师长、旅长也一块。

"人家打仗也算凶，敌人明明知道八路在那里，飞机大炮一齐冲过去，却扑了个空；八路倒是从敌人屁股上打来了，一来就给他个全军覆没。慢慢地日本人听说有'老八'就跑。问：'有红红的吗？'有，屁不敢放就溜了。这样老百姓学了乖，见了敌人就说：'红红的，多多的有！'敌人连站都不敢站，掉头就跑。

"日本人说'八路军神出鬼没'；老百姓说'八路军满天飞'，你说厉害不厉害！"

听见了听的人们的笑声，才知道这位"八路通"已成了黑暗里半车人倾听的中心。

黑暗中希望在每个旅人的心里抬了头，自己的忧郁也不知到哪里去了。车突突地向前冲着，虽然还是夜里，战地却在眼前开了花。血腥的敌人后方，变成了无畏者的乐园。

一九三八年十二月一日，潞城，故彰

响堂铺

一九三八年三月三十一日，八路军以一个团的主力在响堂铺截击敌人一百八十辆汽车，于短短三小时内解决战斗，整整毁了它九十三辆，得获全胜。当时报纸上曾小小地写过一笔，关心抗战史实的人们该还记得清楚吧。隔年的一月十一日我们凑巧经过那里，并在那里留宿一夜，亲眼看了那光荣的战绩，我对战斗虽无半点汗马功劳，但想来是觉得荣幸的。

从山西境的黎城去河南涉县①境的响堂铺，必须穿过东阳关。东阳关虽比不上迤北正太路上的娘子关或再北的平型关、雁门关险要，但就地势说起来，也是山西通冀豫的孔道。太行山的主脉，在此弯弯曲曲横断为两壁悬崖，稍东的五候岭、关东坡，都是乱石层截，呀洼坯穴，直到作为古壶口关的小口村，几乎没有一步路是好走的。每当冰天雪地的时候，行旅跌蹶损折牲畜是常有的事。所以当地人都目为险路。作为晋豫分界的那一拱石门上也题有"天关叠嶂""地设重关"那种字样。真的若能在这里设置重兵，好好把守，即使敌人有飞机坦克骑步炮兵，想进关是不大容易的。可惜抗战初期驻扎在这一带的骑兵步兵没能防御得稳，与敌人稍事接触便即退去，致使敌人得于去年春天攻克了东阳关之后，便尔长驱直入，而黎城、潞城，而武乡、长治，形成了九路围攻晋东南的局势。惯于吹牛的

①今属河北省。

敌将一〇八师团的旅团长也竟吹起了"踏破太行山"那样的大话。

现在自然是已经将敌人打出去了。到今天为止，晋东南八十余县已过了十个月在敌人后方战斗中的太平日子。追源其始，别的部队不说，八路军一二九师的几团人是尽过他们英勇的努力的。譬如有名的潞城神头战斗，作为粉碎敌人围攻主要战斗的长乐村之役，同这断绝敌人给养的响堂铺战斗就是例子。

从去年一月起到三月止，敌人从平汉线过武安、涉县这条大路运给养弹药者也不知多少次了。涉县东阳关都住得有敌人不少的队伍，专门护持这条交通要道。三月三十一日以前我们八路军早已探听明白，瞅好了，那天会有敌人大批汽车要照常由响堂铺向西进发，便于三十日夜晚将队伍部署好，以两团兵力把住驻扎黎城东阳关的敌人，钳制其增援；以一团埋伏在响堂铺迤东神头河南的两岸高地，封锁消息，严阵以待。当时请了很多参观战斗的来宾，登在道南最高的山头上。打仗还请人参观，这不是轻易来得的事情，非胸有成竹指挥若定是办不到的。

果然，三十一日早晨八点就有敌人来了。听说先是两辆小坐车，大概是先遣的侦察之类。到神头河，先下了汽车，拿望远镜照了照，仿佛没看见什么，便放心地上车开过去了。我们沉默着，等着，小鱼过去就让它过去，我们撒的是大网啊，后边才是大溜呢。汽车接二连三地开过来，数目是一百八十辆。过到正好的时候，我们这边才收网，命令下来，接火，砰嘭一阵手榴弹，接着一阵机关枪，两边的山峰正好用回响助壮了我们的声势。九点开始射击，到十二点熄火，总其三个钟头，敌人连还击都没有来得及，就解决了战斗。功果圆满之后，我们队伍很快地拉上山去；运走的是平射炮四门，重机关枪十八架，弹药无算。来不及搬到汽车上的东西，纵火一烧；烧是容易的，汽车上现成的有汽缸汽油。十二点，我们的人撤净了，预料到的敌人派来了十二架飞机，砰零嘭隆狂炸了一通，炸弹通通投到神头河里，正好，我们没烧完的汽车他们来找补了一下，全炸完了。事后查查，不多不少，九十三辆。

敌人跟汽车来的，跑掉的不多，每车以六人计，数目也该相当大吧？我们呢，截击汽车的一团人简直没死伤什么。等着打敌援的两团人倒是同从东阳关出来的敌人对山上堡垒来了一次争夺战。战士的英勇是令人钦敬的。内有一排曾牺牲得只剩了一个战士，这个战士却抱紧了五支枪从弹雨中滚下山来，完成了他的战斗任务。这个大胆的战士，你若去拜访他，他是可以兴奋地同你摆一摆当时战斗的"龙门阵"的。

参观的人拍掌了。

八路军打埋伏，如有名的刘伯承师长说的："枪打在敌人的头上，刺刀插在敌人的肚子上，手榴弹抛在敌人的屁股上——赚钱的生意我们做，不赚钱的生意我们不做。"因此七七二团有了"夜摸常胜军"的称呼。看来将生命交给他们，即便在剧烈的战场上他们也是可以保你的险的。这样的队伍多来几师几军该是欢迎的吧。

实在敌人是应该这样教训教训的。请你看看响堂铺村里，原来一百八十多户人家的大镇，靠近大道，过去买卖也还是相当兴盛的。只因敌人过了几趟，住了几次，现在却剩了不到六十户人家了。房子被敌人烧了一多半，一百多男女被杀戮奸污了。就我们住过一宿的姓冯的这家说，原是响堂铺极安本分极殷实的人家，不想敌人去年春天来了，杀吃了他们的牛羊，牵走了他们的驴子，将一个家长同两个年富力强的儿子从躲藏的窑洞里拖出来杀死了。剩下的只一个当时逃到山里去的十多岁的孩子和几个寡妇女人。问问她们，说："苦啊，不像家人家了。"事情过去快一年了，人人脸上还是浮着悲凄菜色。看了她们穿的白鞋重孝，就知道这悲剧是千真万确的。

她们房子倒还好，因为是瓦房没遭了火烧，但房顶掏的一个大洞，也已是放火不遂留下了"皇军"的手泽了。

响堂铺的人不穿孝的就很少。"我们逃到山里，趁夜深敌人退出的时候来家取点吃的，碰巧了拿点走，碰不巧遇见敌人便被打死了。"这是老百姓告诉的话。"往往知道家里人死了，只能在山里哭一场，都不敢回家埋葬，尸首都是停在街上两月、三月……"

看看一家家烧毁的房屋，院落里堆积的瓦砾，烧焦烧黑了的梁木；再看看他们搭了一间草棚就住下来过日子的情形，已经够清楚日本人的残酷了，然而还没有看见暴露三月不埋的尸体啊！没看见……

兵站刘站长告诉，响堂铺东街有一个二十多岁的妇女，因为没有来得及逃跑，被敌人捉住了，从晌午在大街上轮奸起，直到傍晚，人都不能动了。等到夜里敌人退出才被人背着逃走。又西街有一个十五岁的姑娘被敌人捉住奸淫，羞愧得跳井了，从井里捞出来还要继续奸下去。人就在响堂铺，村里人都说得出名字。

你说，这样的侵略者不是禽兽？！

可是出了响堂铺走到神头河边的时候，老百姓也告诉了我们，在一截长长的隘路上，曾堆过满满一路敌人的死尸，都是八路军用手榴弹炸死的。地上有一块沾上了土的黄呢子，老百姓指着说："这是日本军装。"我们拾起来看看，吐两口——我们也看见了你侵略者死亡的地方、死亡的痕迹了！

到干涸了的神头河滩，我们看见了散乱地摆着的汽车的铁皮，都锈了，折皱了，退了漆光失了彩亮了。比较完整的有四辆，两辆平放着，两辆捣翻了，车篷朝地，车底朝上，满是石头，大概是过路的人们抛掷了泄恨的。车多半是小坐车，想来当初一定有弹簧坐垫，有绒呢裱就的车衣，有按了呜呜叫的喇叭；在其中坐着兜兜风逛逛景该是很神气的吧？现在一股脑儿葬送在这里了。汽车有知，在被征调的时候也应当发出反战的怒吼吧？初毁的时候，一列九十三辆，一趟河滩三四里都是汽车，许是很壮观的。废铁现在运走打手榴弹去了。我们需要更多的武器毁它更多的汽车。

在村子里看到了敌人焚毁的我们的房舍，在河滩里看到了我们掏毁的敌人的汽车。站在烂汽车的旁边，让同行的季陵兄给照一张相，留它一个纪念。对战绩我们虽只是读者，也分它一份光荣吧。

一九三九年二月

神头岭

一道战场，像一部灿烂的史书，那丰饶的页数里是蕴蓄着无尽的宝藏的。这样，作为热心的读者钻研名贵的典籍，我们访问了神头岭。

神头岭在山西的黎城、潞城之间，赵店东南、微子镇偏北、太行山伸着拖脚的地方，是一九三八年三月十六日神勇的八路军歼灭倭寇的战场。迤南有比干岭，传说商纣亚父比干把心挖出来交给妲己之后，在这里买过"无心菜"。说是比干宰相心虽没有了，但若能挨过一百天之后还是可以痊复如初的。然而就在九十九天的傍晚来了那卖"无心菜"的白发老翁。比干抚着胸口从宰相府出来，问："卖什么菜？"老翁答："卖无心菜。""菜无心还长吗？""人无心还活，菜无心怎么不长！"几句简短的对话，比干仿佛忽然醒悟得自己确是无心人了，一煞惊悸，便溘然长逝。传说自然是荒诞的，然而这荒诞的传说，却是中国的古人古事。连一个榛莽荒丘都涂得有华夏文明的色泽呵，是黄帝的子孙，谁都有权说是"我们的"！蕞尔倭寇就不要太心高妄想了！

访问神头岭，是一个风沙的春天，去三月十六日的战斗已滑过一年了。那天我们黎明掠过了黎城南关，傍晚跨过了浊漳河。浊漳河石子作底，石子激着流水发出豁朗豁朗碎马蹄的声音。两岸沙滩上有密匝匝绿到梢头的杨柳树。稍远是麦色青青的田垄。田垄里有雉鸡乱飞。春的气息洋溢着，杏树也已绽了红萼的苞了。到了清明时节。

在路上听说漫流河有社戏。漫流河离神头只三里，绕路并不绕远，我们就先扑向漫流河听戏去。一路村子数来：老雕窠，王家庄，漫流河；老百姓都是当时战斗当中抬过伤兵、运过胜利品的。他们有的吃过日本饼干，有的穿过黄呢子大衣，人人口里都演义得出几件悲欢故事：房子被日本鬼烧了，他们便焚毁日本鬼的汽车；驴子被日本鬼牵走了，他们便夺来日本鬼的马匹。红缨枪换成了左轮子、八音子。王家油坊一所深深的窑洞里被敌人用机关枪扫杀了三十四人，也是王家油坊一家木匠铺在十六日半夜卖给了敌人二百四十个装尸灰的箱子。"牙还牙，眼还眼"，在斗争的熔炉里锻炼着，在肉搏的血海里沐浴着，老百姓像老君炉里跳出来的猕猴王一样，满头霜雪，他们活得更有劲了。处处响着反抗的吼声，处处充满着活泼的生气。

漫流河有社戏，半里外就听见锣鼓喧天的声音了。踏着那素朴雄壮的音乐，走近去，是拥挤的男女在看抬黄杠，踩高跷。男的白布巾裹头，女的红彤彤的面庞挑一握发髻。看来他们都是健壮的，快乐的。你们可相信去年今天这里是战场？你们可相信二百里外战争正打得激烈紧张？几个伴唱的小孩子，手里拿了彩纸扇，高跷上响蹦蹦地跳动着，都是一副聪明俊俏模样。左边是一座席扎的戏台，说是有名的襄垣秧歌，但尚未开场；倒是两旁卖吃食的小摊，摆成两条长长的闹市，卖面条卖蒸包的人吆喝着，给热闹的鼓乐添了一支有力的伴奏。

从人流里挤向庙去，先是一帮"红火"在耍拳脚武术。枪刀棍棒，流星绳鞭，一路玩来，令人想起《水浒传》《七侠五义》里的豪强。庙是关帝庙，庙里一台"闹子"正在演唱，一个唱旦角的，仪态服装都古香古色。从拥挤的人群，袅绕的烟火，和毕毕剥剥的爆竹响声里，断断续续荡漾过来了唱声：

三月里，桃杏花，满树照红；
刘关张，在桃园，结拜宾朋。

十月里，雪白花，飘来飘去；
孟姜女，携寒衣，哭断长城。

但嗓音悠扬处，举止婉转处，还是博得台下不少喝彩声。

正殿里塑像关云长，"丹凤眼，卧蚕眉，面如重枣"。如今可敬慕处，大概正在夺关斩将温酒待捷的勇迈吧？想着，我们奔上了神头岭。

爬了一道三里地远的漫漫长坡，等社戏的鼓吹渐渐沉落下去的时候，目的地就望见了。一路上田陌间散布着的是历历马骨。夕阳来得正好，夕阳可快要落山了。余晖返照，马骨丛中像开了惨白的花、艳红的花，恰象征隔年的烟尘与褪色了的鲜血。是啊，神头岭战斗是精彩的哩！连日本《东奥日报》的随军记者都称道是"典型的战术"。

让当时战斗的情形在眼前展开吧。

我们的队伍在月夜里行进，在月夜里集结。没有瞌睡，睡魔被紧张的情绪冲破了。有谁愿意掉队呢？急行军，一个紧跟了一个。争取时间！鸡叫时分人马已在北神头沿着公路埋伏好了。那里有现成的壕沟，是战争初期我们镇守东阳关的队伍挖就的。消息封锁得很严，连太阳都没看见（因为白天是阴天）。这秘密只一个勤快的庄稼老农晓得，但直到结束战斗他没有回家。

"那天我赶早上坡，一脚不小心就踏上了一个山岗，哎哟我的娘，黑压压满坡都是人头，都是灰布军装。"后来他才这样告诉人家说。"我刚刚抽身要走，咱队伍里一个弟兄说：'不要吱声！'我知道要打仗了，便一溜烟绕着沟沿跑了。在坡里我一天没吃饭，听了一天炮声……"

弟兄们埋伏好了。快天亮的时候特别静，快天亮的时候也特别冷清。"冷啊！"异口同声地咕噜着。应当出的太阳又恰恰被密云遮盖了。已经八点，"为什么敌人还不来呢？"有的战士着急了。提起望远镜看看，三辆乌龟似的汽车正在路上爬呢。方向是从潞城来的。不慌，让它过去吧。要沉着应战。大家先捡一把干粮。九点，四十几个日本骑兵又来了；人太少，也让他过去。九点半，时间过得真慢，简直像蜗牛爬；可是正好，继续行军的敌人真铜部队、粕谷部队，浩浩荡荡地在村边休息下来了。看他们路赶得多，笨重的皮鞋拖拉着，仿佛都很疲惫的样子；架起枪来，随便地躺着坐着，显然很大意。可是也够险了，敌人休息的地方距离埋伏顶近的只二十米（仿佛伸手就可抓到的样子）。我们的战士"妈的！"在心里骂起来了，几乎要开枪。指战员的一个眼色，又使战士们镇定了。

连车马辎重，敌人是一千五百名左右。

"这里老百姓真好，"给他们烧水喝，给他们打水饮马。敌人高兴了，舒服地坐在地上，谈着，仿佛都在欣赏民众的柔顺和"皇军"的"德威"。在他们这样做着梦的时候，那边"喂，我来吧！"轻轻地拍拍肩膀，挤一挤眼，另一批"老百姓"接了班了，也是打水饮马，烧开水。

我们说："这里老百姓真好。""客人"要走了，饮马烧水的人还拉拉扯扯挽留着。拉扯，挽留，"客人"架好的步枪就握在我们手里了。留住跟前的"客人"，同时等得不耐烦的埋伏地里奏起了送行的音乐。飕飕响的是子弹，轰轰叫的是迫击炮；沉重的手榴弹声，密放的机关枪声，跟着悲壮的冲锋号，十分钟冲过两个山头；不再那么客气，敌人四周的高地全被我们占了。立刻来的是白刃肉搏。

"从警戒线的什么地方潜进来的啊！与向来的客人稍微不同，很厉害！"（见《脱出记》）敌军队长笹尾二郎中尉，将队伍展开的命令都没来得及发出，只挣扎着喊了一声："大家一块死的地方就在此地！"射击得那么准确的迫击炮弹就正在他的头上开花了。

随后是喊着"跟我来，放心吧！"的敌军少尉小山正美，随后是兽医少尉成田利秋，都相继呼着什么"陛下万岁！"倒了下去。是死的地方。正是，八路军到哪里，日本侵略者就得死在哪里。这次战斗，跟了笹尾队长一块毁灭了的就有步骑兵一千二百名，数百车辎重，马千匹。隔年相访，不是还看得出遍野的马骨历历吗？当时活的俘虏是十三个。走脱了一名《东奥日报》的记者本多德治，被一挺机枪掩护着，躲在一所窑洞里。我们一个战士原想挖透窑洞从顶上结果他的，却因为政委说："迅速集合要紧，放他一条狗命吧！"这条狗命才有机会写《脱出记》，给我们灵活的战术做了一次大大的鼓吹。但那篇通讯，在另一次胜利的战斗里仍旧落在我们手里。"典型的战术"，话说得倒真有点对。

《脱出记》里写着，当时敌人的战马临死都流了眼泪。啊！你聪明的天照子孙啊！为什么远隔重洋抛家离井来用血液灌溉我们华夏的土地呢？虽然对日本法西斯军阀满含着永世的仇恨，我却不能不以悲悯的心肠来凭吊你日本士兵漂流的游魂了！

侵略者的脚下，泥潭是越陷越深啊。

一九三九年六月十三日

记列宁博物馆

　　早晨，从旅馆出来，我一个人走在莫斯科的街上。我没有一个认识的人，但是我并不感到孤单、生疏。从电影生动的画面，从文学作品细致的描述，特别是从几十年来燃烧一样的向往，对莫斯科，我仿佛早就熟识。那天在街上来来往往的苏联人，无论是男的、女的，或者是老的、少的，也无论是从你对面走过来的，或者是从你身边擦过去的，都像是老朋友、老邻居，他们用亲切的眼光、和悦的脸色，来欢迎你，招呼你，都仿佛在说："早哇！""您好，苏维埃的客人。"我的俄文懂得不多，自然说不好俄语，但是真挚的感情怂恿我，却一个一个作了无声的回答："同志，您好！"并且进一步想告诉他们："我要到列宁博物馆去。"

　　那天空气很潮润，不冷，虽然是十月，是在接近北纬五十六度的地方，但是绝不像冬天。从行人走路时的轻捷和自己心情的畅快看，倒觉得有点儿像初春。听着克里姆林宫"叮当……叮当……"的钟声，心胸立刻像海洋一样开阔起来了，饱孕了热情，充满了力量。那钟声是浑圆的、响亮的、肃穆的、和乐的，像一种和平和繁荣的信号，又像一种叫人奋发前进的召唤。在这样的钟声里我走进了列宁博物馆。

　　走进列宁博物馆像走进一个国际家庭。那里又肃静又热闹。从人们不同的皮肤的颜色，从人们不同的语言，知道大家是来自许多不同的国家的。人们交换思想感情不单靠说话，微微地笑一笑或者轻轻地点点头，就仿佛彼此已经互相了解了。"列宁"这个名字，不就是最响亮的国际语言吗？它的丰富的含义，已经不只是一个举世景仰的伟大的革命导师的名字，而已经是"朋友""同志""阶级友爱和团结""世界和平和幸福"的化身了。

我带着虔敬的心情，随着络绎不绝的人群走过十六个陈列室。陈列室里不是张挂着一幅一幅关于列宁革命活动的照片、油画，就是陈列着一件一件属于列宁的纪念品和遗物。从列宁的幼年直到世界劳动人民向他最后告别，人们像跟着列宁度过了战斗的一生。是那么伟大又那么平凡的一生啊。

列宁获得金质奖章从中学毕业以后，进了喀山大学。在那里他参加了沙皇暗探所说的"极危险"的学生小组。他以满怀的革命热情，组织学生的革命活动。因为他十四五岁的时候就读了车尔尼雪夫斯基的长篇小说《做什么？》，也读了赫尔岑、涅克拉索夫那些民主诗人的作品，所以在学生中间列宁是以博学多闻著名的。一幅油画画着，十七岁的列宁带领青年学生进行反对"一八八四年大学章程"的斗争情况：他昂着头，眼睛望着远远的前面，步子迈得很大，一群青年学生就紧紧地跟在他后面，奋勇前进……那还不是武装斗争，但是已经给人一种坚毅果敢战斗的气氛。据记载，当列宁被逮捕的时候，审问他的警察局长对他说："小伙子，你为什么要造反呢？要知道你的前面是一堵墙啊！"列宁毫不在乎地回答："不过是一堵腐朽的墙，只要一推，就会倒的。"

在沙皇追捕、通缉、随时都有性命危险的情况下，列宁从国内逃到国外，又从国外逃回国内，任何艰难困苦都挡不住他。他走到哪里，哪里便建立起革命的组织，传播下革命的种子。在监狱里，他避开狱卒的监视，从事革命的著作。像《论罢工》就是在监狱里写的。为了严守秘密，列宁把自己的书信和书稿用牛奶写在什么书籍的字行夹缝中间。

一八九七年二月，列宁被流放到辽远的西伯利亚，住在叶尼塞省米奴新斯克州舒申斯克村。那是一座荒原上的村子，没有树林，只有几条堆满粪垢的污秽的街道。但是在那里被流放的三年，列宁竟然写了三十多种著作，著名的《俄国资本主义的发展》是其中的一部。紧张工作的空隙里，列宁还打猎，下棋，滑冰，作长途旅行，阅读他所爱好的作家普希金、莱蒙托夫的作品。列宁是最富于生活乐趣的人，最会工作，又最会休息。

在外国，列宁也进行着始终不懈的革命活动。在德国慕尼黑出版的《火星报》（一九〇〇年十二月十一日第一期出版）、《曙光杂志》，就是他首创的全俄性的报刊。在第四陈列室里陈列着一九〇三到一九〇四年列宁侨居日内瓦的时候住房的摆设，还有办《火星报》的时候所用的桌子。在第五陈列室里有一九〇三到一九〇六年地下印刷厂的模型。从地上的掩护用房、地下的回环曲折的通道，人们完全可以想见当年秘密革命工作的艰险和辛苦。

再往前走，拉兹里夫光辉的一幕揭开了：那富有历史意义的草棚，那白桦树林，那湖边的小船，那岸上两个伟大心灵的亲密的会见，都留给人以永远不会磨灭的印象。列宁那时(一九一七年七月到八月)是在丛林深处工作的。丛林的中央，辟出一块空地，利用两个树墩，一个高一些的当桌子，另一个矮一些的当凳子。周围是绿树，列宁就叫它作"绿色的办公室"。是在这样的办公室里，列宁写下了他的天才著作《国家与革命》。为了工作方便，列宁曾剃去胡须，穿起芬兰式的农民衣服，坐小船到拉兹里夫割草，或者跟亲密的战友斯维尔德洛夫、捷尔任斯基在草棚里秘密集会。有一个叫科里亚的十三岁的孩子，每天搜集松枝，燃起篝火替列宁烧茶，同时看望四周，遇到生人到来的时候，便吹口哨，学夜莺叫。这些都是社会主义革命史册上不朽的篇章。

秋天到了，列宁不能继续躲在草棚里了，便戴了假发，扮作司炉乘火车头去芬兰。在芬兰，列宁写了《马克思主义和起义》那封有名的信，着重指出："现在人民的大多数已经拥护我们。"从芬兰秘密回到彼得格勒①，列宁亲自担负起领导武装起义的重任。几乎跟"阿芙乐尔"巡洋舰炮击冬宫同时，列宁于一九一七年十一月七日在彼得格勒苏维埃非常会议上演说，高喊："全世界社会主义革命万岁！"同一天晚上十点四十五分在斯莫尔尼宫宣布："全部国家政权归苏维埃。"……那些响起了雷鸣般的鼓掌声和巨潮般的欢呼声的场面，是人人熟悉的，人人记得的。我们经常有的"万岁"的欢呼，我们无妨想象是那些轰轰烈烈的场面的继续。在肃静的博物馆里，当你参观着大幅群众场面的油画的时候，那欢呼不也仿佛还能从并不遥远的地方清晰地听到吗？我们也无妨想象自己就是那些群众集会的成员吧。

有三套列宁的衣服分别放在三个陈列室里：一套是一九一八年穿的呢大衣，黑绒的领子，两排纽扣；一套是带黑羊皮领子的大衣，配了一双毡筒的靴子；又一套是黄灰色的哔哒呢的列宁装和一双皮质粗劣的高腰黑皮鞋。这些都是极平常的衣裳，但是都是列宁穿过的。人被尊敬，他穿过的衣服看来也发着光辉。还有常在列宁寝室里摆着的那张小书桌，列宁跟农民代表谈话的时候坐过的那张带着宽宽大大的布套的沙发椅，跟高尔基一块谈话时候的照相……原物都静静地陈列在那里。但是每一种纪念物却都仿佛在现身说法，争着告诉客人它们各自跟列宁在一起的时候那些引人入胜的故事。

---

① 今圣彼得堡。

参观的结尾是放映有关列宁的纪录影片。通过影片人们直接会见了列宁。列宁走路的姿势，列宁说话的声音，列宁对人的和蔼而坚定的态度，那会永远活存人们的心里。

那次参观，也还有一个难忘的插曲。

在博物馆走廊的地毯上，我无意中拾到一枚少年先锋队的徽章。参观走到第十六陈列室的时候，正碰上一队少年先锋队员在那里举行入队式。他们在列宁像前宣誓。我心里想，拾的那枚徽章可能就是他们丢掉的吧，因此等他们的入队式举行完毕，我就把徽章交给估计是辅导员的一个年轻的姑娘。那辅导员却把徽章送给了我，作为纪念，我高兴地接受了，同时把一枚有毛泽东同志像的金黄的纪念章给她挂在胸前。我回头刚走了二十几步，一伙小学生又赶上来，大家笑着，围着我。又是那个辅导员，拿一枚共青团的徽章别在我的衣襟上，同时亲热地说："同志，您好！"

时间已经过去一年了，回忆那亲切、热情的一幕，就像刚发生在昨天。接受列宁的生平和事业给自己的教育，凭共青团的徽章作证，让我名副其实地做一个不老的共青团员吧。

一九五七年十一月十八日

延　安

延安，二十世纪三十年代到四十年代中国革命的京城，它是流通鲜红的血液到千百条革命道路的心脏，它是指挥抗日战争和解放战争取得最后胜利的司令台。

延安这个声名响彻世界的地方，是同中国共产党和毛泽东同志的名字联结在一起的。这座群山环抱、高踞中国西北黄土高原的古城，伴着那条傍城东流的延水和那座耸立在城南嘉陵山上的宝塔，在中国悠久的历史长流里，度过了多少世纪的默默无闻的寂寞的岁月。一九三五年，中央红军在毛泽东同志的领导下，经过举世闻名的二万五千里长征到了延安，在这里领导中国革命近十四年，领导千百万英勇无畏的革命战士，艰苦奋斗，在惊涛骇浪里把中国革命的航船，稳稳地朝着正确的方向，从胜利驶向胜利，延安这才成了铄古灼今、光芒万丈的名城。

延安，是革命者荟萃的地方。从红军到达陕北开始，就是"条条道路通延安"了。旅途的万水千山，不算什么险阻；敌人的重重封锁，丝毫不足畏惧；爱国的志士，抗日的青年，男的，女的，只身的，结伴的，要求革命的人们成千上万地涌向延安。当日寇侵略使祖国濒于危亡的时候，延安是希望；当全国军民奋起抗战的时候，延安是灯塔。整个抗日战争期间，哪一颗火热的心不向往延安呢？水流万里归大海，延安广阔深邃的山谷容纳着汹涌奔流的人的江河。

"到延安去"是一种豪迈的行动。"做延安人"是一种很大的光荣。革命者到了延安就到了家。那是多么欢乐的家啊！在那个欢乐的革命的家里，同志，是千百万人共同的称呼。这个称呼是亲切的，里边包含着革命、尊敬、信任等崇高的意义，也蕴涵着集体、友爱、团结等浓挚的阶级感情。同志们生活在一起，一边工作、学习、劳动，一边跟敌人做不懈的斗争。每个人都有自己的战斗岗位，每个人都是革命集体的成员。能力有大有小，劳动光荣是一致的认识；进步有快有慢，力争上游是共同的志趣。从地主、官僚、买办资本家统治的旧社会里跑出来，摆脱那种挨冻、受饿、抗日有罪的痛苦生活，一步踏上有衣穿、有饭吃、有书读、有事做，没有剥削压迫的自由天地，谁不认为是无上的幸福呢？

在延安，同志们自己动手挖窑洞，解决住处问题。借厚实的黄土山崖，窑洞挖得一层一层，一排一排。窑洞是冬暖夏凉的，土地，土墙，穹形的土顶，收拾得窗明几净。窑洞接窑洞，往往一道山沟就是一条大街，一个山头就是一处村落。夜里来，一山高下，灯火万点，壮丽极了，是一片繁荣景象。同志们自己动手种庄稼，解决食粮问题。在山坡沟边，把杂草割掉，荆棘斩除，荒地可以变成耕田。山上种谷子糜子，平川种稻麦蔬菜。牛羊猪鸡等家畜家禽，也得到适当繁殖。人们生活是俭朴的，但是丰足的。在党和边区政府的领导下，大家自力更生，建立铁工厂、木工厂、用马兰草造纸的造纸厂；也纺棉花，纺羊毛，织布。建立自己的银行，自己的邮局，自己的报纸、通讯社，自己的大学（大学是名副其实的，只抗日军政大学，就有上万的学员）。延安是个崭新的社会，人跟人的关系是新的，一切社会制度也是新的。

延安是革命的洪炉。当时有句谚语说："三年八路军，生铁变成金。"（八路军，那个时候是革命的同义语，参加八路军就是参加革命）延安的生活是一种锻炼；马克思列宁主义的钻研，毛泽东著作的学习，劳动生产，整风运动，是提炼真金的火焰。党在延安为抗日战争培养了争取胜利的干部，也为解放战争和社会主义革命准备了各方面的人才。在农村建立革命根据地，用农村包围城市，最后夺取城市。毛泽东同志这一光辉的战略思想，延安时代正是以延安带头在各个根据地完满体现的。像太阳辐射光芒，革命的干部从延安出发，分散到全国各地。红色的种子适应各地的气候和土壤，在广大革命群众中扎根。党的建设，武装斗争，统一战线，这三件法宝是党的革命事业赖以开花结果的水、土、阳光。坚定正确的政治方向，艰苦奋斗的工作作风，机动灵活的战略战术，加上团结、紧张、严肃、活泼，是每个革命干部都必须具备的品德和修养。

每一个革命者都是散播革命火种的人。革命的队伍越壮大，革命的火焰越旺盛，革命的事业越发展。我们是不断革命论和革命发展阶段论者，井冈山、延安、北京，革命正是一脉相承。人类幸福的创造是无穷无尽的，创造幸福的道路也无限广阔。当然，只要帝国主义和阶级敌人还存在，革命前进的路上就免不了障碍和险阻；把障碍铲除，把险阻踏平，扫清前进的道路，是革命者应尽的责任。革命的敌人必定被消灭，革命必定要胜利。

看延安吧，曾经封锁延安、进攻延安的那些撼树的蚍蜉，挡车的螳螂都到哪里去了呢？延安城却绿化，建设，焕然一新了。城里的废墟上修建起一幢幢楼房和整齐的街道，东门外的延河上架起了又宽又平的长桥，而党中央和毛泽东同志住过的杨家岭、枣园、王家坪……则成为千秋万代令人永远瞻仰和怀念的胜地。

让北京从井冈山和延安接过来的火把照着我们继续前进吧。"东方红，太阳升"，是从延安唱起的歌，现在这歌声已经唱遍世界了。

一九六一年六月二十九日

微雨宿渑池

我不知道你喜欢不喜欢旅途里遇雨？天空既然时有阴晴，而旅行的人又不是个个都带有风雨表的，旅途里遇雨总该是常有的事吧。自然，乡僻的野站里没汽车，行人或见阻于洪水泛滥的长河，阴雨连绵的天是很惹人烦厌的。英国散文家狄更斯就曾写过那样的文章，描写被雨锁在旅馆里的那种人的故事。他说连一张报纸的广告都一个字一个字读完，几乎成诵了，雨还在继续淅沥不止。这真是既悒郁，又无聊的。你读那文章时，不是要绕屋三匝，替他搔搔头，望望天，叹起气来吗？可是"渭城朝雨浥轻尘"，也有像渴久了的禾稼一样，枝叶被丝丝细雨越浇越青翠，疲困的旅客经了雨打才精神抖擞起来的。那夜我和季陵就是以后一种情景宿在渑池。

渑池是陇海路的一站。东接洛阳、郑州，西通函谷关、潼关，北走九十里由南村渡过黄河可一步一步踏入战区，一九三九年春天我们路过时正是前方的后方重镇。若太行山脉和太岳山脉所纵横织成的游击区比就一片网状叶，渑池通垣曲的大路就不多不少是一茎叶柄。又比就是通水的栈桥，从这里再迈一脚你就可跳入澎湃汹涌的海。游击队像鱼在深渊，你可以恣意活跃游泳。因此路过这里的人，只要不是有雅兴去游山玩水，大概心情总都有些异样的：去战地呢，像要探虎穴捉虎子，或斗牛场里显示身手，情绪会极度紧张；从战地回来呢，又像火热的太阳地里出够了汗的老农在柳荫下的沙滩上睡午觉那样恬静舒适……

我们那次是带着复杂的情绪渡黄河的。我们是从火线回来。想想前面还开展着激烈的战斗，我们却回来了。仔细听不是还听得见隆隆的炮声吗？有炮声的地方就免不了有争夺，有肉搏，有牺牲。将万千弟兄留在火力网里，倒觉身子的逍遥成了心灵的重负了。过黄河又适逢夕阳西沉的黄昏时候。

夕阳没带走浮云，给黄昏添了几多风味。然而黄河边的风沙忒大，黄河道里的水流忒急，往来过黄河的人也忒多忒拥挤了。白云的悠悠，反而衬托出了人的匆忙。那蚁聚在渡口两岸的人群，简直像赶市集，连零星小摊都在摆着，支起帐篷就暮宿河边的也有；倒好，可体会花木兰，深夜里听黄河流水声溅溅。渡船呢，它载着千钧万钧重量，昼夜穿梭，载回那来的，又送过那去的，是浮桥，又像一道咽喉，它吞咽着各种各样的食物：子弹，人马粮秣。晋东南二十六县的抗日根据地借它的滋养才能一天天扩大，一天天坚强。也为此，七天走六百里山路之后，我们才有缘趁黑夜摸过黄河，又趁黑夜沾光搭送子弹的回头汽车。渡船是辛苦的，我祝福撑渡船的舟子。

汽车也是辛苦的，九十里一夜要往返四趟。你听：呜——呜——爬上一个山头它不也得喘几次吗？汽车司机完全凭了车前的两只"大眼"在漆黑的夜里摸索着上山下山，他们不但出力，连睡眠都捐献了，那应是战士也是英雄的行径。可是比这更苦的还有牛车呢。轮子转在悬崖上，应了空谷慢吞吞叫着剥蓬剥蓬。牲口是要吃夜草才肥的，为了赶道，又为了怕白昼轰炸，它们却不得不伴了无眠的车夫在深夜的郊野里冒了霜露风雨打长更。"喂，靠边走！"在汽车司机不耐烦的叱喝声里我注意到那些人、车辆、牲口的幢幢黑影了。常常是喘吁吁地停在路边，站定着十辆、百辆……我想问："老乡，瞌睡吗？"汽车却匆匆擦过了。

在路上，天阴得厉害，远处有住家的地方才更容易显出闪闪的灯光来。也偶尔有赶路人在道旁烤火，黑暗里有这样点点的火光在烧，极有辽阔深远的情致。在沉睡的大地的胸怀，这正像活活跳动的脉搏。最触目的是那里山上还有人放坡火，远望去，那耀目的红光恰像在乱山丛中爬行的一条火蛇或一条火龙。

汽车开进渑池城，正好午夜。因为是"捎脚"，汽车将我们甩在街上就走了。半夜里的渑池城沉静得像一座坟墓，一切都酣睡了，我们便无形中变成了两只游荡的"鬼影"。只有街尽头一个唯一卖零食的老头儿在一盏灯笼的微光中吆喊的声音："热馄饨开锅！""汤圆哩，热的！"也空寂得像在缥缈的梦中。忽然身上湿漉漉的，破军衣觉得有点凉了，便索性将行李交给空旷的长街，我们且去吃消夜。一壁和卖零食的老头儿打着问讯，一壁抬头望望阴霾的天空，仿佛觉得天不会亮了似的，更加感到了夜景的凄清。

听说兵站就在左近，待要找时，却十扣街门九不开了。那有什么办法？就在寂寞的街上两人并肩靠了并不大的行李卷坐到天亮也好吧，火线上打埋伏还不都是一支枪伴你露宿嘛。忽然背后吱幽一声门响（吓一跳），经过了简短的几句问答我们却被一个姓刘的带进了"交通饭庄"。替我们打开一间小小的客房，频频说着："咱们是一家，不要客气！"为什么客气？原来他是店主东，是退伍军人。"交通饭庄"是新开张的，房间里，床、桌、盆架，悉仿都市风光安置，素朴，也雅洁。苇席作隔壁，和另一家旅客可以息息相通。实在有些倦了，照行军规矩擦擦脸、洗洗脚，季陵占床，我用一张席打一个地铺，便草草就睡了。窗外开始落着淅淅飒飒的微雨。

被点滴的雨声催着，旅馆里我却天亮就醒了。起来吧，地铺也太潮了。

阴雨天是不必跑警报的，且出去看看渑池街市。

夜里的死城，早晨又活了。踏着一街泥泞，来往的人还是极杂沓的。油条烧饼铺拥挤着，杂货店也都排比地开门了。货品呢，洋瓷茶缸、暖水壶、虎标万金油，多是行旅军人应用的什物。大门面的竟有金字红漆招牌的"江苏同乡楼"。街上房舍，有些被炸了，但残砖败瓦上支一架草棚也还有人在那里过活谋生。旧枝断折的地方往往跟着发出更茂密的新芽来，这正是老树的榜样。

热闹的街道拐角处，有茶馆，有各色各样的广告，第×××训练处，前方文化服务站，寻人招贴，李部前进，王部左转……人忙的时候墙壁也应接不暇了。茶馆里在唱河南坠子、大鼓书。河南坠子，调子有些魔力。你看那满座的各色军人，吸着贱价的香烟，剥着花生、瓜子，还没耽误了向清唱的姑娘喝彩鼓掌。在街上冒着细雨，拥在茶馆门口的也有不少读书人在那里凑趣"挂对子"。群众、士兵，在新组织的剧团不够分配、电影演映又推行不到前方的时候，教他们天天在弹雨里洗浴的人怎样解脱那过分紧张的心情呢？有二胡，有梆子，有梨花简已是娱乐了；更何况还有"开口不把别人讲，表一表张君瑞去借西厢"呢？

渑池，大家不过从这里过路，一宿半日就要走的。后方的到前方去，前方的回后方来，歇歇脚，打打尖，"一切为了前方"。人们都太匆忙啊！呜！呜！火车的汽笛响了，车厢里不有新军三旅，军火一万二千箱吗？是火线上的粮食、火线上的生命啊，又该汽车、牛车、运输的民夫，一站倒一站，昼夜奔忙了。

"茶房捆行李！"渑池长安道上，依旧细雨霏微。

我的思绪也跟了雨，跟了辘辘的车声拖得更远更长了。

一九四〇年六月三十日，杨家岭

向海洋

我的岗位是在高原上，我的心却向着海洋。

自己默默地问：再来怕要病了吧，怎么这样厉害地想念着海呢？很不应当的，简直有些忧郁了。山谷里一阵风来，它打着矮树，吹着荒草，听来像海水摸上了撒满蚌壳的沙滩，又冲激着泊在岸边捕鱼人的渔船。山下荡着石子流的河水，声音也像"万年山"①上听海水在低啸；河边大道上那嘀咚嘀咚响的不是驼铃，倒像是往返的小汽艇在接送哪只旗舰上的海军了。夜深时，山上山下的灯火闪着亮，土山便幻成了海岛；山上的灯火是街市，山下的是停泊的大小船只。牧羊人一声悠远的觱篥（像海螺呜呜），会带来一个海上的雾天，连雾天里的心绪都带来了；失掉的是欢快，新添的是多少小病，多少烦厌。心里有个海，便什么都绘上海的彩色、海的声音了。连梦里都翻滚着海波，激溅着浪花啊。

心是向着海洋。

但为什么不向海洋呢？自家的土地是接连着海洋的。海洋上是老家。海水的蔚蓝给自己黑的瞳仁添过光亮，海藻的气味使自己的嗅觉喜欢了鱼腥，喜欢了盐水的咸。海滩上重重叠叠的足迹，那是陪了旧日的伙伴，在太阳出浴的清晨和夕阳涂红了半天的傍晚在那

---

① 万年山：青岛山名。

里散播的。迎着海风深深呼吸的时候，眼前曾是令人忘我的万里云天。我怎么不心向海洋呢？

喂，蓬莱阁啊！还依旧是神仙家乡吗？在你那里我看见过海市蜃楼哩。拾过海水冲刷得溜圆的卵石。趁海鹤（那条那么小的袖珍军舰）去访问过长山八岛。在岛上渔翁渔婆给我吃过清明捕的黄花鱼、春分捉的对虾、谷雨里捡的海参。孔丘在陈，才三月不知肉味，就已唠唠叨叨了；我可是多么久不吃鱼了啊。可是我知道的，现在捕鱼也不容易了，并不是庙岛的显应宫（我还记得那副对联：海上息鲸波从此风调雨顺，山中开见阙应知物阜民康）不灵（曾经灵过吗？），而是日本的捕鱼船把你们的网冲破了，嘟嘟的马达声也吓散了鱼群。那么，除了马尾松不出产什么的几个寒枯的岛子你们又指望着什么过生活呢？因此我听到了你们的战斗。

听说你们用土炮（那是戚继光平倭寇时就铸就了的吗？），封锁了军舰不能靠岸的海口（那是戚将军练水兵的水城）。又扮了"海盗"，你们将岛上的伪警察缴了械（说是五十枝全新的三八式，是吗？），于是联络惯习水性的弟兄，你们组织了海上游击队。夺取敌人运上岛的给养，掀翻敌人放哨的游艇：你们一天天强大，现在已是三条汽船五百支枪的队伍了。我想念海，不得不教我想念你们！海上游击队的弟兄，让我们替你们祝福！

烟台，你以出名的苹果，以出名的苹果香的葡萄给我永远的记忆的烟台啊！很好吗？我爱喝你张裕酿造一二十年的陈葡萄酒，那样馥郁香冽，泛着琥珀般的颜色，真是沁人心脾，心会开花；润着喉咙，喉咙会唱歌的。但我并不沉醉，我永远清醒地怀念着你的居民。那是喜欢冒险，喜欢到海外碰运气的。他们从你这里下关东，入日本海，去南洋群岛，甚至只凭买卖山东绸而能徘徊在奢靡的巴黎街头。以土头土脑的扮相，而说着各地土话、各国语言，谁能说不是奇迹！从海洋夺得了魂魄，他们不知道什么是忧愁，笑声和戏谑里都透露着达观和矫健。在烟台的街市上我是多么愿意碰到他们呀。出去的是一条扁担一个铺盖卷，回来的却带着珍珠、黄金，囊袋里装满财富了。可是敌人践踏了他们，原是充满睦邻的感情的，他们现在愤怒了。因此我常在报纸上看到"烟台夜袭""我军五陷烟台"那些令人兴奋的消息。

听说他们扮商人，扮小贩，卖青菜。忽然他盖在青菜底下的盒子枪从筐缘露出那作为枪饰的丝穗来了，伪警察会喊给他："喂，老乡，你看你的韭菜撒了！"

于是他放下菜担看看，把枪上的韭菜盖盖好，向警察会意地笑笑（有谢谢的意思吗？终久是自家人啊，应当有照应的，我愿意向那警察敬礼），然后照常向着市里走他的大路。还听说，他们采办货物，常是成群结队地赶着牲口，驮进去的也许只是稻草，驮出来的却往往夹杂在日用杂货里有多少日本人送来的枪支。白天他们在一家店里将牲口喂饱，将"垛子"捆停当，一交夜，他们便派人到山上去放鞭炮；等敌人吓得像掉了魂一样跑上了军舰，并从军舰上对准山头轰隆轰隆放起大炮来的时候，他们早已和他们满驮了货物与枪支的牲口慢步逍遥地离开烟台市迈入群山了。"像玩猴子玩狗熊一样"，那告诉我们的人这样告诉我。对日本人的聪明和愚笨，我看见他们在笑了。

喔，青岛！给了我第一幢海的家的好地方啊。

那里栖霞路曾有我们三五个朋友谈不够的夜会。那里茅荣丰曾有我们吃花雕的酒杯，那里麻胡窠的贫民窟也曾有我们惯常的足迹和访问。后海码头绘的是一幅搬运夫的血汗图，响着的是锵锵朗朗钢铁的声音。前海是栈桥，回澜阁的游人，脸孔都曾经惯熟了；是整个远东有名的海水浴场，现在在太阳底下还能唤起我在那里夏天来一带五里长的沙滩上一片红红绿绿男女用的遮阳伞……

为了海我才喜欢泅泳的吧，然而我却很久，青岛啊，没有踏过你海边的软沙，沾过你清澈的海水了。我的书桌旁边有一张《捡贝壳的孩子》的图画，没了事我便常细细地赏玩它，因为它会带给我海上的风帆呢。另一张，远景里有海鸥在飞，近了来是一个衣衫褴褛的渔人仿佛在讲海，比画着手势，周围听的几个孩子都出神了。站着的，剪背着手；俯卧在沙滩上的，便两手捧着下巴。我从他们带些神秘性的眼睛里，看出了海上一个暴风雨的故事。讲故事的渔人的声音我都仿佛听见了（看多么痴迷），像辜勒律己诗里的古舟子。

现在海上的风暴是另一种了吧——胶州湾停泊的是贼船，而青岛近郊二十里外的崂山上则遍地飘扬着我们游击队的旗子……

我是有过泛家海上的老梦的。将感情养成了一只候鸟，惯喜欢追逐一种异国情调：火奴鲁鲁伴了曼德林旋律的土风舞，苏门答腊半裸棕色人喝椰汁，或像司提芬生写的一个金银岛的故事……但于今海洋的呼唤，已不是那幕老梦，而是活生生的现实了。当我应了蓝天上驰过的白云，水面上扫过的大风回答着"我来，海洋啊！"的时候，我的心是深深向往着北起海参崴[1]，南迄琼州岛那七千里长的海岸线的；更热切，我是怀念着那沿海岸像翻滚在惊涛里战斗着的弟兄的。夜里我看天上的星星，星星像一只只站夜岗的弟兄的眼睛；白天太阳的金线照着我，我感到了那千百里外在血和汗的挣扎里故乡儿的辛苦和快乐。

---

[1] 即符拉迪沃斯托克。

　　因此，我像回到了一个神话时代，我站在这西北高原上向荒旷的黄土层寄意，说：我抚育过华夏祖先的土壤啊！万千年前据说你曾经也是海洋的。你这里深深地埋在地底的就是水成岩：里边有海藻的化石，有五六丈长的龙骨。果然，你这绵延起伏的群山不该就是远古年代凝定了的骇浪吗？西北高原上从蒙古大沙漠吹来的风是狂暴的，当年它掀动着海水生波，那么以它卷着漫天风沙的力量也荡起这层层的群山吧。现在正是土地也要沸腾起来、咆哮起来的时候了。

　　让我们向海洋，向胜利！

一九四一年五月二十二日

战斗的丰饶的南泥湾

"自己动手，丰衣足食。"

响应着毛泽东同志这个伟大的号召，我们革命军队经过春天竞赛开荒和播种，南泥湾荒野变成了良田；经过夏天突击锄草和战斗中辛苦的经营，南泥湾长遍了蓊郁的稼禾。现在是秋天，成熟和收获的季节，南泥湾，正满山遍野弥漫着一片丰饶的果实。

南泥湾有群山环绕。一眼望不断的山峦，恰像海洋里波涛起伏；有密林大树，吃不尽的野果：野杜梨、甜美多浆的野葡萄，一颗像一撮果子酱；还有山里红、野林檎……大树可以作梁作柱，作建筑木材。纯朴的农家，家家呈现着一种安乐气象：妇孺老人都吃得红红的面容，透露着饱暖健康的颜色；村边散放着牛羊，屋顶窑前堆满了鲜红的辣椒、金黄的苞谷、硕大的南瓜。军队和人民像一家人似的亲切，遇到旅长，一大群人又笑又说地问："司令哪哒去？"这里是繁荣而又热闹的，像朱总司令说的是"花花世界"。

据说一两百年前，南泥湾曾经繁盛过一个时期，山庙里残碑记载，说这里曾有过街市，后来清朝专制，造成的民族牢狱，逼得陕甘回民群起暴动，这一带的居民才纷纷逃难，奔走他乡。在这里新开窑洞的时候，曾开到过旧窑，里边古老的碗钵家具还历历可辨，想是那时居民一听乱信，连收拾都来不及，就慌忙逃跑了，情景该是很惨的。自那以后，这里田园就交给了荒野，窑洞房屋任风雨侵蚀倒塌，日久年远，就遍地是蓬蒿，遍地是梢林乱树，成了豺狼野兽的巢穴，成了土匪强盗出没的场所。

我们革命队伍，八路军，到这里屯田，是一个翻天覆地的革命事业。自己动手，从榛莽丛里开出道路。曾必须露宿野餐，就荒山坡上开窑洞、盖房屋；从烧石灰、烧砖瓦、伐树解板、安门窗梁柱，以至钉头木楔、置备桌椅家具，无一不是自己动手，终于有了安适的住处的。住处安置未完，就开始垦荒种田，朱总司令说"生产与战斗结合"，这开荒正是一场剧烈的战斗：征服自然，而又改造自然。

开荒计划每人六亩，起初是首长号召，以身作则；随后变成了群众突击、竞赛运动。两位团长的手上曾两次三次地磨起了泡。一连、九连出现了一天开荒五亩的劳动英雄。最后，纪录打破到这种程度：每人平均开到二十亩、三十亩！走到无论哪个单位听听，都是一些惊人的数字：二营一个连开两三千亩，"美洲部"二万亩，一个模范排长，一个人开了四十亩。保证每人每天是一亩八分到二亩。迷信的人会说："这怕有神灵帮助吧！"但我们革命者要告诉他：这是集体主义的威力，是革命的英雄主义！

现在的南泥湾：上下屯直到九龙泉，一连一二十里都是排列整齐的窑洞。窑里窑口用石灰粉得雪白。列在山脚下的房屋顶上泥了白垩，或盖了青瓦；一条山沟，成了宽阔绵长的街衢。山沟溪流的两岸，自然修齐的树行，伸展着清幽的林荫路。另一处有造纸厂、木工厂、铁工厂。造纸厂，用马兰和稻草造纸，足够战士学习及办公应用，还有多余的用来换书报读物；木工厂里造着精致坚固的桌椅、风车、纺锭；铁工厂造铁锹、镢头，各种农具，也打锋利的梭镖，给群众以保卫边区的武装。又一处有闹市：三十户至六十户的商家，有合作社，也有私人营业。他们每天早晨把街道打扫得干干净净，熙来攘往的军人和农民，亲切地招呼着，呈现出一种蓬勃活泼的气象。

再转一条山谷，在一处突然开阔的盆地巍然耸立着一座楼房，那是一个休养所。建筑都照科学方法：壁炉、阳台、通气道，各种设备都是现代化的。这是屯垦的战士们自己动手为我们休养员们建造的。从设计、取材、烧砖瓦石灰，到垒墙架柱、铺地板、安门窗，完全出自战士的心裁与劳力。这是革命战士爱护自己阶级战友的表现，是精神、行动团结一致的典型。

现在的南泥湾：水地种稻；川地种麻，种菜蔬；山地种谷子、糜子、洋芋、杂粮。还没开垦完的水草丰茂的地方，就是天然的牧场。稻田傍着清溪，一路蜿蜒迤逦而去，恰像用黄绿两色锦线铺绣而成的地毯。沉甸甸的稻穗，已吐露了成熟的颗粒。论麻，只"美洲部"就种了四千亩，麻籽可收三百五十石至四百石，估计榨油两万斤，灯油足够全部自给。二营种的，每个战士可分五斤麻，足够打三四双草鞋。论菜蔬，长得茶碗般大的大宗洋芋不算在内，只南瓜、辣椒、茄子、西红柿，每班战士门口都红红绿绿地堆满了。其他秋白菜、萝卜、葱，细致些的如芹菜、芫荽、茴香，还都长在地里。贺营长说："战士们一个班像一个小家庭，除了全团、全营大家的种植而外，他们还各有小单位的经营。利用整训闲暇，分工劳动，你种烟，我种辣椒、西红柿，他种西瓜、甜瓜。我们战士今年每个人吃了二十个西瓜呢……"×团里，战士吃西瓜没有这样多，每人只吃了十四个，但每人却又外加了一筐甜瓜。

谷子、糜子是部队主要的食粮，自然也是主要的生产。因此在南泥湾，只要抬头一望，满眼都是谷子、糜子，亩数是没有方法确切统计的。谷子长得好，大多是齐腰那样高，穗头大的一尺六寸，普遍在一尺左右。糜子稍差，因为正当应该锄草的时候，部队开到前方，以致失了农时。但估计收获，成绩还是可观的，某营四十二个劳动英雄，每人可收八石粮，在营部正修下了可盛一千八百石的米仓。今年部队粮食全部自给是绰绰有余的。目下，各部门准备秋收已鼓起了热潮，处处都预备齐了扁担、绳架、镰刀；修好了筐篓、地窖、仓库（仓库怕招老鼠，都填了石灰，又铺了木板；粮食怕潮湿生霉，仓底下特别预备了火炕）。一个战士王子耕在他们班上的墙报里写着："秋收要注意两点：不要糟蹋一粒粮食，用突击的精神来完成……"从这里可以看出战士对秋收的热诚和信心。

农业生产外，有工业生产。捻羊毛线在普遍经常地进行着，每两捻四十丈到八十丈以上，每斤按成品的质量，分别给以四十、一百到二百元的奖金。每人缴了四斤羊毛的毛线，到今年阳历年底，就可都有一身黄呢子军衣。此外，绩麻，编筐，打草鞋，用桦树皮制玲珑的饭盒、菜盒、墨盒，各有熟练的技巧。

除了农业生产和工业生产，还有畜牧。每个部队单位左近常常有成群的牛、羊、马匹。牛不穿鼻，马不系辔，就那样无拘无束地啃草、饮水，用尾巴打着蝇虻，呼啸奔逐，怕不有些辽阔的草原味道？关于养猪，这里部队研究出了最好的科学方法，猪卧的地方要干燥（特别打了窑，铺了木板），散步的地方，大小便的地方，喂食的地方，都隔了木栅栏，分得清清楚楚；为防备狼和豹子，周围又打了土墙。因此，战士能保证：每人每月吃大秤四斤肉。现在军队首长又提出了号召：今年年底要做到战士一人一只羊，两人一口猪，十人一头牛。张团长说："我们一定要完成！"有谁惊讶地说："这不都成了'地主老财'了吗？"是的，这是建立革命家务。不剥削人，不敲诈人，用地利和自己的劳力，白手起家，大家动手，大家享受，真是再好也没有！我们每个战士，节约储蓄，加入军人合作社的，三十元一股，常常有人入到三十股四十股呢。过中秋节，每个人可以吃到半个西瓜、三个月饼。

其实，八路军在南泥湾，生产还是次要的，但已做到了全部自给，衣食行住，不要群众一粒米、一寸布，还反过来帮助群众，保护群众，成了古往今来世界上少有的军队。它主要的还是整训与教育。关于习武，营房附近，处处都是靶场、投掷手榴弹场，靶场里从早到晚都有步枪声、机枪声。普通战士打起靶来都是十环、八环，特等射手，更是百发百中。投弹场里，也是从黎明就有人拿了手榴弹练起，连文书、炊事员都参加。掷得又远又准的"贺龙投弹手"，各单位天天都有发现。在文化教育方面：每个战士都学识字，学文化。战士差不多都能写日记，有很多能听讲记笔记。学习模范朱占国同志就在这里。随便拿一个战士郭文瑞的"练习写作"的本子来看，就可以发现这样简洁朴素内容具体的文字：

卫生员高苏文同志，入伍前不识多少字，可是他对学习很虚心，特别是在开始生产以来。

上山劳动时，大家都休息，吸烟，他一个人坐在一边目不转睛地看书，手里还拿着一根小棍在地上画字。不认识的字就把它记在小本子上，回到家脸也顾不上洗，就向指导员问字。

劳动一天够疲劳了，夜晚他还在灯光下面写日记。从开始生产到现在，他的日记从没间断过。

他已经读完了很多青年读物，如：怎样把庄稼种好，地球和宇宙，小尾巴的故事，临机应变，水，等等。

他现在已识了二千字。日记写得通顺。

他的学习是在一天一天地进步着。

"当了三天八路军，什么都学会了。"副团长说。的确是这个样子。在一个班的墙报上有一张画，题字是"擦拭武器，打击敌人！"竟也画得极生动有力呢！在部队里文盲是肃清了的。

更真切地说：八路军生产、教育，解决供给，提高质量，更大的目的是战斗。那战斗是保卫国家、保卫人民的。在敌人后方，抗击敌军伪军，八路军是常胜军，是世界闻名的武装，日本强盗听了常打哆嗦。在这里，抗日民主根据地，为了保卫边区，保卫中国共产党的中央，它更表现了忠诚与英勇。

去南泥湾的道路是开阔的，汽车可径直上下，大车可畅行无阻。那是革命军队自己动手开辟的路，是走向崭新的幸福的社会的路。

一九四三年九月二十六日

第二次到上海

新中国成立后的第十年，我整五十岁，随二十四人的学习访问团第一次到上海，那是我半生中的大事。上海市文联和总工会接待了我们，住上海大厦第十四层楼。我们瞻仰了纪念馆，参观了展览馆、机械厂、造船厂、棉纺厂和几个大百货公司，放大了眼界，开阔了心胸，也感到了充实。我们的收获是很大的。但是如果上海是一座高山，那么我们只爬了一段盘山的公路；如果上海是一部百万言的雄文巨著，那么我们只披读了序言和目录。这次旅行，离探深谷，窥堂奥，距离还很远。

以后，我又四次到上海。三次为了工作，集体住锦江饭店、复旦大学，也住过嘉定的招待所。生活都是优越的、舒适的。每次都做了些事情，从不同角度进一步认识了上海的繁荣兴旺。但是，比较起来，我愿意特别提到第二次。那次我是一个人作为旅客路过上海的，一切都自己动手，亲身体会，看得细，想得远，印象更要深刻。

那是祖国社会主义革命和建设已经进行了十六年的时候。我访问了八一起义的南昌、革命圣地井冈山和共产主义劳动大学，想从上海绕道到离开了三十年的青岛回北京。当时不是想游山玩水，而是想温习一下革命队伍的艰苦而欢乐的生活。下了从九江驶来的江轮就买好了海轮的船票，都是三等客舱。在旅客多的船舱，可以见到各行各业的人，体验各种各样的生活。谈天，说笑，打扑克。多数人讲礼让，互相帮助；个别人爱吵闹，占小便宜，这些事都能直接接触。仿佛一两天的航行，就能认识不少人的精神面貌、性格品德，也能约略了解人们的出身、经历，做过什么好事坏事。旅途仿佛是活动学校，从那里可以学习到很多东西。如果凑巧，还可以捡到分辨善恶美丑的"镜子"，建立浅深短长的友谊。

为了上船方便，我在上海秦皇岛路住了泰安旅馆。这家旅馆小，设备简单，床位也便宜（一宿五角，是上海大厦一天四十元房费的八十分之一）；但是声誉好，讲究清洁卫生，奖状挂满了墙壁。现实是最好的广告，它告诉旅客：放心吧，住在这里健康安全都有保障。双层床，下铺，有凉席、蚊帐。晚上，冲凉，换洗衣服，自己洗好衣服就晾在房顶的凉台上。一宿安适无话。

第二天早晨，很早就起来，在附近的饭铺吃过糍粑油条，喝咸豆浆，最早一个进虹口公园，瞻仰鲁迅先生的铜像。在铜像前边的草地上徘徊了半个上午。独行踽踽，浮想联翩：想到曾经访问多次的北京宫门口"老虎尾巴"①，想到在琉璃厂师大②风雨操场上先生的讲话，想到先生搜集瞿秋白同志的文艺论著编成的《海上述林》，更想到二万五千里长征胜利到达陕北的时候，先生和茅盾同志一起发出的贺电："在你们身上，寄托着人类和中国的将来。"真是满怀虔诚的敬慕啊！正像路易·艾黎在《中国见闻·鲁迅像前》那首诗里写的："他昂首凝视，仿佛一贯那样的，在挑战。""他的不朽精神弥漫大地。"只是时间太短了，临走的时候，频频回顾，依依难舍。

从虹口公园出来，乘当时上海还仅剩的一段有轨电车，转到南

① 此处指鲁迅寓所里的一间灰顶房子。
② 此处指北京高等师范学校，即后来的北京师范大学。

京路，想去拜访"好八连"，但是在街上阔步疾行，并没碰到一个解放军同志。倒是货架上装得满满的百货商店，熙来攘往的热闹人群，都仿佛在争着纷纷诉说"好八连"的模范事迹。"好八连"的革命精神早已散播在广大的群众中间，成为一种一心为公的良好的社会风气。乘我东风，香飘万里。快到"耳顺"之年的那个时候，想的该是做人治学要师承鲁迅，革命工作要学习"好八连"吧。

那应当是新上海的精神。

眨眼过午了，赶回泰安旅馆。一进门，也是服务员的女经理告诉我："该上船了吧？"旅客的日程表放在她的心上。三点，正好是上船的时间。手续简单，留下五角钱，拿起手提箱立刻出门了。码头就在旅馆对面，几步路就跟上了上船旅客的人流。进三等舱，轮船不久就起锚。粗犷的汽笛叫着"呜——"，开船了。

忽然，我想起了昨晚晾在凉台上的衣服，但我并不怎么介意，心想：到青岛写信请旅馆邮寄吧。按"旅客之家"的情况揣想那一定会办得到的。船发黄浦江，出吴淞口，顺着一带长长的翻滚浪花，进入海域。看看舱里舱外，认认邻居，一阵喧闹，平静下来。这时广播里发出了通知："旅客同志们注意，在上海住泰安旅馆的旅客请到广播室来。"这类广播，一般是三遍。提到泰安旅馆仿佛是指名叫自己，没等听第二遍，我就拔腿向广播室走了。一边捉摸："是不是为衣服的事？"一闪念间，已到了广播室，一眼就看见门开处桌子上正放着我的衬衫和背心，就冲口而出："是我的衣服。"

女同志问："你是住泰安旅馆的吗？"仿佛不需要等回答，立刻解释说："开船以前旅馆同志就送来了，交代了情况，因为大家正上船，不好找，所以现在才通知。"

"谢谢！"从内心里发出的就是这样的声音。感谢的不只是广播员，更包括了泰安旅馆。深一点，远一点，还包括建设了十六年的上海社会主义秩序，"拾金不昧""助人为乐"，人们互相关心的社会风气。远望海阔天空，我意识到祖国的兴隆发达，灿烂的曙光照耀着共产主义无限美好的前景。

　　了解上海，只路过是不够的，要长住；只逛马路闹市不行，要深入到弄堂、亭子间。向前看是必要的，但不要忘了过去。有时还要温习一下历史，甚至可以回首二十年代、三十年代，更好地继承和发扬革命先烈留下的不朽业绩。

选自一九八〇年七月二十日《文汇报》

菜园小记

种花好，种菜更好。花种得好，姹紫嫣红，满园芬芳，可以欣赏；菜种得好，嫩绿的茎叶，肥硕的块根，多浆的果实，却可以食用。俗话说："瓜菜半年粮。"

我想起在延安蓝家坪我们种的菜园来了。

说是菜园，其实是果园。那园里桃树杏树很多，还有海棠。每年春二三月，粉红的桃杏花开罢，不久就开绿叶衬托的艳丽的海棠花，很热闹。果实成熟的时候，杏是水杏，桃是毛桃，海棠是垂垂联珠，又是一番繁盛景象。

果园也是花园。那园里花的种类不少。木本的有蔷薇、木槿、丁香，草本的有凤仙、石竹、夜来香、江西腊、步步高……草花不名贵，但是长得繁茂泼辣。甬路的两边，菜地的周围，园里的角角落落，到处都是。草花里边长得最繁茂最泼辣的是波斯菊，密密丛丛地长满了向阳的山坡。这种花开得稠，有绛紫的，有银白的，一层一层，散发着浓郁的异香；也开的时间长，能装点整个秋天。这一点很像野生的千头菊。这种花称作"菊"，看来是有道理的。

说的菜园，是就园里的隙地开辟的。果树是围屏，草花是篱笆，中间是菜畦，共有三五处，面积大小不等，都是土壤肥沃，阳光充足，最适于种菜的地方。我们经营的那一处，三面是果树，一面是山坡；地形长方，面积二三分。那是在大种蔬菜的时期我们三个同志在业余时间为集体经营的。收成的蔬菜归集体伙食，自己也有一份比较丰富的享用。

那几年，在延安的同志，大家都在工作，学习，战斗的空隙里种蔬菜。机关、学校、部队里吃的蔬菜差不多都能自给。那个时候没有提出种"十边"，可是见缝插针，很自然地"十边"都种了。窑洞的门前，平房的左右前后，河边，路边，甚至个别山头新开的土地都种了菜。

我们种的那块菜地，在那园里是条件最好的。土肥地整，曾经有人侍弄过，算是熟菜地。地的一半是韭菜畦。韭菜有宿根，不要费太大的劳力（当然要费些工夫），只要施施肥，培培土，浇浇水，出了九就能发出鲜绿肥嫩的韭芽。最难得的是，菜地西北的石崖底下有一个石窠，挖出石窠里的乱石沉泥，石缝里就涔涔地流出泉水。石窠不大，但是积一窠水恰好可以浇完那块菜地。积水用完，一顿饭的工夫又可以蓄满。水满的时候，一清到底，不溢不流，很有点像童话里的宝瓶，水用了还有，用了还有，不用就总是满着。泉水清冽，不浇菜也可以浇果树，或者用来洗头，洗衣服。"沧浪之水清兮，可以濯我缨；沧浪之水浊兮，可以濯我足。"这比沧浪之水还好。同样种菜的别的同志，菜地附近没有水泉，用水要到延河里去挑，不像我们三个，从石窠通菜地掏一条窄窄浅浅的水沟，用柳罐打水，抬抬手就把菜浇了。大家都羡慕我们。我们也觉得沾了自然条件的光，仿佛干活掂了轻的，很不好意思，就下定决心要把菜地种好，管好。

"庄稼一枝花，全靠粪当家。"为了积肥，大家趁早晚散步的时候到大路上拾粪，那里来往的牲口多，"只要动动手，肥源到处有"啊。我们请老农讲课，大家跟着学了不少知识。《万丈高楼从地起》的歌者，农民诗人孙万福，就是有名的老师之一。记得那个时候他是六十多岁，精神矍铄，声音响亮，讲话又亲切又质朴，那老当益壮的风度，到现在我还留着深刻的印象。跟那些老师，我们学种菜，种瓜。像种瓜要浸种、压秧，很多实际学问我们都是边做边跟老师学的。有的学会蔬菜加工，做的番茄酱能吃到冬天；有的学会蔬菜腌渍、窖藏，使秋菜接上春菜。

种菜是细致活儿，"种菜如绣花"；认真干起来也很累人，就劳动量说，"一亩园十亩田"。但是种菜是极有乐趣的事情。种菜的乐趣不只是在吃菜的时候，像苏东坡在《菜羹赋》里所说的："汲幽泉以揉濯，持露叶与琼枝。"或者像他在《后杞菊赋》里所说的："春食苗，夏食叶，秋食花实而冬食根，庶几西河南阳之寿。"种菜的整个过程，随时都有乐趣。施肥，松土，整畦，下种，是花费劳动量最多的时候吧，那时蔬菜还看不到影子哩，可是"种瓜得瓜，种豆得豆"，就算种的只是希望，那希望也给人很大的鼓舞。因为那希望是用成实的种子种在水肥充足的土壤里的，人勤地不懒，出一分劳力就一定能有一分收成。验证不远，不出十天八天，你留心那平整湿润的菜畦吧，就从那里会生长出又绿又嫩又苗壮的瓜菜的新芽哩。那些新芽，条播的行列整齐，撒播的万头攒动，点播的傲然不群，带着笑，发着光，充满了无限生机。一棵新芽简直就是一颗闪亮的珍珠。"夜雨剪春韭"是老杜的诗句吧，清新极了；老圃种菜，一畦菜怕不就是一首更清新的诗？

暮春，中午，踩着畦垄间苗或者锄草中耕，煦暖的阳光照得人浑身舒畅。新鲜的泥土气息，素淡的蔬菜清香，一阵阵沁人心脾。一会儿站起来，伸伸腰，用手背擦擦额头的汗，看看苗间得稀稠，中耕得深浅，草锄得是不是干净，那时候人是会感到劳动的愉快的。夏天，晚上，菜地浇完了，三五个同志趁着皎洁的月光，坐在畦头泉边，吸吸烟；或者不吸烟，谈谈话；谈生活，谈社会和自然的改造，一边人声咯咯啰啰，一边在谈话间歇的时候听菜畦里昆虫的鸣声；

蒜在抽薹，白菜在卷心，芫荽在散发脉脉的香气：一切都使人感到一种真正的田园乐趣。

我们种的那块菜地里，韭菜以外，有葱、蒜，有白菜、萝卜，还有黄瓜、茄子、辣椒、西红柿，等等。农谚说："谷雨前后，栽瓜种豆。""头伏萝卜二伏菜。"虽然按照时令季节，各种蔬菜种得有早有晚，有时收了这种菜才种那种菜；但是除了冰雪严寒的冬天，一年里春夏秋三季，菜园里总是经常有几种蔬菜在竞肥争绿的。特别是夏末秋初，你看吧：青的萝卜，紫的茄子，红的辣椒，又红又黄的西红柿，真是五彩斑斓，耀眼争光。

那年蔬菜丰收。韭菜割了三茬，最后吃了苔下韭（跟莲下藕一样，那是以老来嫩有名的），掐了韭花。春白菜以后种了秋白菜，细水萝卜以后种了白萝卜。园里连江西腊、波斯菊都要开败的时候，我们还收了最后一批西红柿。天凉了，西红柿吃起来甘脆爽口，有些秋梨的味道。我们还把通红通红的辣椒穿成串晒干了，挂在窑洞的窗户旁边，一直挂到过新年。

一九六一年四月九日

歌　声①

感人的歌声留给人的记忆是长远的。无论哪一首激动人心的歌，最初在哪里听过，那里的情景就会深深地留在记忆里。环境，天气，人物，色彩，甚至连听歌时的感触，都会烙印在记忆的深处，像在记忆里摄下了声音的影片一样。那影片纯粹是用声音绘制的，声音绘制色彩，声音绘制形象，声音绘制感情。只要在什么时候再听到那种歌声，那声音的影片便一幕幕放映起来。"云霞灿烂如堆锦，桃李兼红杏"，《春之花》那样一首并不高明的歌，带来一整套辛亥革命以后启蒙学堂的生活。"我们是开路的先锋"，反映出一个暴风雨来临的时代。"我的家在东北松花江上"，描绘出抗日战争初期一幅动乱的景象……

我以无限恋念的心情，想起延安的歌声来了。

延安的歌声，是革命的歌声，战斗的歌声，劳动的歌声，极为广泛的群众的歌声。列宁在纪念《国际歌》的作者欧仁·鲍狄埃的文章里说："一个有觉悟的工人，不管他来到哪个国家，不管命运把他抛到哪里，不管他怎样感到自己是异邦人，言语不通，举目无亲，远离祖国——他都可以凭《国际歌》的熟悉的曲调，给自己找到同志和朋友。"我们可以这样理解：《国际歌》是全世界无产阶级的

---

① 本文原载一九六一年十月一日《光明日报》。

共同的声音，共同的语言。我们也可以这样看延安的歌：在延安，《国际歌》就是被最庄严最普遍地歌唱的。

回想从冼星海同志指挥的《生产大合唱》开始吧。那是一九三九年夏初一个晚上，在延安城北门外西山脚下的坪坝上。煤气灯照得通亮。以煤气灯为中心，聚集了上万的人。印象中仿佛都是青年人。少数中年以上的人，也是青年人的心情、青年人的襟怀和气魄。记得那时候我刚刚从前方回到延安，虽然只出去四五个月，也像久别回家那样，心里热乎乎的，见到每个人都感到亲热。不管认识不认识，见到谁都打招呼。会场上那些男的、女的，都一律穿着灰布军装，朴素整洁，打扮得都那样漂亮。大家说说笑笑，熙熙攘攘，像欢度快乐的节日一样。是的，正是欢乐的节日。是第一个五四青年节。就是在那天晚上，我们听了伟大的领袖毛泽东同志那篇有名的报告：《青年运动的方向》。

说的这时候，是报告完了，热烈地鼓掌、欢呼以后，大家正极兴奋的时候。那真是"意气风发，斗志昂扬"；只是大家酣醉在幸福里，那时还想不出这样恰当的形容文字。每个人都咀嚼，回味报告里的深刻意义和警辟的语句："革命的或不革命的或反革命的知识分子的最后的分界，看其是否愿意并且实行和工农民众相结合。""今天到会的人，大多数来自千里万里之外，不论姓张姓李，是男是女，做工务农，大家都是一条心。"咀嚼着，回味着这些语句，同时等候大合唱开始。

露天会场。西边是黑黝黝的群山。东边是流水汤汤的延河，隔河是清凉山。南边是隐隐约约的古城和城上的女墙。北边是一条路，沿了延河，蜿蜒过蓝家坪、狄青牢，直通去三边的阳关大道。合唱开始，大概已经是夜里十一点了。

就在那样不平凡的时刻,在那个可纪念的地方,我第一次听见唱:

二月里来,好风光,
家家户户种田忙。……

冼星海同志指挥得那样有气派,姿势优美,大方;动作有节奏,有感情。随着指挥棍的移动,上百人,不,上千人,还不,仿佛全部到会的,上万人,都一齐歌唱。歌声悠扬,淳朴,像谆谆的教诲,又像娓娓的谈话,一直唱到人们的心里,又从心里唱出来,弥漫整个广场。声浪碰到群山,群山发出回响;声浪越过延河,河水演出伴奏;几番回荡往复,一直辐散到遥远的地方。抗日战争的前线后方,有谁没有听过,没有唱过那种从延安唱出来的歌呢?

延安唱歌,成为一种风气。部队里唱歌,学校里唱歌,工厂、农村、机关里也唱歌。每逢开会,各路队伍都是踏着歌走来,踏着歌回去。往往开会以前唱歌,休息的时候还是唱歌。没有歌声的集会几乎是没有的。列宁谈到十九世纪七十年代德国工人歌咏团,说他们是在法兰克福一家小酒馆的一间黑暗的、充满了油烟的里屋集会,房子里是用脂油做的蜡烛照明的。在黑暗的时代里,唱唱歌该是多么困难啊。在延安,大家是在解放了的自由的土地上,为什么不随时随地、集体地、大声地唱歌呢?每次唱歌,都有唱有和,互相鼓舞着唱,互相竞赛着唱。有时简直形成歌的河流、歌的海洋。歌声一波未平,一波又起,接唱,联唱,轮唱,使你辨不清头尾,摸不到边际。那才叫尽情地歌唱哩!

唱歌的时候,一队有一个指挥。指挥多半是多才多艺的,既能使自己的队伍唱得整齐有力,唱得精彩,又有办法激励别的队伍唱了再唱，唱得尽兴。最喜欢千人、万人的大会上，一个指挥用伸出的右手向前一指，唱一首歌的头一个音节定定调，全场就可以用同一种声音唱起来。一首歌唱完，指挥用两臂有力地一收，歌声便戛然停止。这样简直把唱歌变成了一种思想，一种语言，甚至一种号令。千人万人能被歌声团结起来，组织起来，踏着统一的步伐前进，听着统一的号令战斗。

延安唱歌，也有传统，那就是陕北民歌。

"信天游"唱起来高亢、悠远，"蓝花花"唱起来缠绵、哀怨。那多半是歌唱爱情，诉说别离，控诉旧社会剥削压迫的。过去陕北地广人稀，走路走很远才能碰到一个村子，村子也往往只有几户人家散落在山峁沟畔。下地劳动，或者吆了牲口驮脚，两三个人一伙，同不会说话的牲口嘀嘀咚咚地走着，够寂寞，诉说不得不诉说的心事，于是就唱民歌。歌声拖得很长很长，因此能听得很远很远。人还没看见，已经先听见歌声了；或者人已经转过山头望不见了，歌声还余音袅袅，不绝如缕。

时代变了，延安的歌就增加了新的曲调，换上了新的内容。二十年前那个时候，主要是歌唱革命，歌唱领袖，歌唱抗战，歌唱生产。延安唱的歌很快传到各抗日根据地，后来又传到一个接一个的解放了的地区。日本投降以后，哪里听到延安的歌声，哪里就快要解放了。延安的歌声直接变成了解放的先声。譬如《三大纪律，八项注意》那首歌吧，从苏区唱起，一直就是红军、八路军、新四军和人民解放军的先遣部队。哪个地方的人民最痛苦，哪个战场上的战斗最艰巨，这首歌就先到哪里。听见这首歌，连小孩子都知道人民的救星来了，毛主席的队伍来了。它是黑夜的火把，雪天的煤炭，大旱的甘霖。人们含着笑又含着欢喜的眼泪听这首歌。我甚至养成了这样一种习惯，听别人唱这首歌，仿佛也是自己在唱。听见声音，仿佛同时看见了队伍，看见了队伍两旁拥挤着欢迎队伍的人群。人群里，年长的是大娘、大爷，同年的是大哥、大嫂、兄弟、姊妹，都是亲人。又仿佛队伍同时是群众，群众又同时是队伍，根本分不清。这首歌，唱一千遍，听一万遍，我都喜欢。

这里就不说我喜欢那首唱遍世界的歌《东方红》了。那是标志着全国人民对伟大领袖衷心爱戴的歌，又是人民群众自己创作的歌。谁不喜欢呢？从心里，从灵魂的深处。

一九六一年十月一日

窑洞风景

住窑洞，越住越有感情。那种感情，该像"飞鸟恋旧林，池鱼思故渊"吧，日子越长久，感情越深厚。不过也有些不同，窑洞仿佛是叫人看了第一眼就感到亲切，住了第一天就感到舒适的。窑洞的好处是简单朴素，脚踏实地，开门见山。我不知道历史记载的"采椽不刮，茅茨不剪"的尧舜居处到底怎样，因为年代太远了，没有办法亲自去住住；若拿紫禁城里的宫殿跟窑洞相比，老实说，我喜欢窑洞。

窑洞跟房屋不同。房屋要从平地上盖起来，窑洞却要从崖壁上挖进去。我国的西北黄土高原，据说在很古很古的时候，曾经是海底。厚厚的黄土层，是亿万年泥沙的沉淀和风积。黄土层经过日久年远的水土流失，冲刷得轻的成为无数深深浅浅的沟壑，冲刷得重的就是一道道大大小小的峡谷。沟壑的积水成溪流，峡谷的积水成河道。溪流和河道两边，就自然形成坡、岗、山、岭。所以西北的山，往往是土山。土山底下也有石层。重重叠叠平整的水成岩，可以采来制成石板，用它当屋瓦，或者给小学生拿来写字、演算术。所以"清涧的石板"和"安定的炭"跟"米脂的婆姨绥德的汉"在陕北是齐名的。

山岭的上层总是黄土居多。从沟壑峡谷往上看，那土山土岭的陡坡悬崖，有时可以高到十丈百丈。可是在旁边望着是山是岭的地方，爬上陡坡悬崖也许会是一处方圆几十里的塬。溪流和河道两旁呢，水土继续流失，泥沙继续淤积，就又成为宽宽窄窄的坪坝。这上塬下坝，土地都很肥沃，多半适于种五谷，长庄稼。那硗薄的荒山秃岭，不便耕种的，就滋长野草榛莽，成为天然的牧场。

窑洞，就挖在这类山崖、沟畔，背山临水的地方。

譬如说，把向阳的一抹山坡，从半腰里竖着切齐，切到正面看好像一带土墙的时候，就用开隧道的办法从土墙挖进去，挖得像城门洞那样深浅，像一间屋那样大小，窑洞的雏形就成了。洞口一半垒窗台，安窗户，一半装门框，上门。门窗横过木上边的拱形部分，用窗棂结构成冰梅、盘肠、五角星、寿字不到头等种种图形，成为顶门窗。因此，窑洞虽然只有一面透光，南向、东向、西向的窑洞，太阳一样可以照得满窑通亮。晴朗的夜里，一样可以推窗纳月，欣赏李太白的诗句："床前明月光……"

农家住的窑洞，多半是靠窗盘炕，炕头起灶安锅。灶突从炕洞里沿着窑壁直通山顶。常见夕阳衔山的时候，一边是缕缕炊烟从山头袅袅上升，一边是群群牛羊从山上缓缓回圈。"日之夕矣，牛羊下来"，正好构成一副静静的山野归牧图画。若是山高一点，炊烟缭绕，恰像云雾弥漫，又会给人一种"白云生处有人家"幽美旷远的感觉。有的农家窑洞，用丹红纸剪贴了"鲤鱼跳龙门""锦鸡戏牡丹"一类的窗花，或者贴了祝贺新婚和新年那样的"囍"字，就又是一种欢乐气象了。

战争时期干部住的窑洞，往往办公和住宿在一起，那局势和陈设另有一番风味。靠窗放一张不油不漆的本色木桌，一个三只脚的杌子，一条四根腿的板凳，就是全部家具。书架挖在墙里，挎包挂在墙上。物质条件是简单的：窗明几净，木板床上常常只是一毯一被（洗干净的衣服包起来算枕头）。精神生活是丰富的：拥有一壁图书，就足以包罗宇宙万有。沙发也就土墙挖成，一半在墙外，一半在墙里。沙发上放草垫子，草靠背，草扶手，坐上去可以俯仰啸傲，胸怀开阔地纵论天下大事。最好是冬天雪夜，三五个邻窑的同志聚在一起，围一个火盆，火盆里烧着自己烧的木炭。新炭发着毕毕剥剥的爆声，红炭透着石榴花一样的颜色，使得整个窑里煦暖如春。有时用搪瓷茶缸在炭火上烹一杯自采自焙的蔷薇花茶，或者煮一缸又肥又大的陕北红枣，大家喝着，吃着，披肝沥胆，道今说古，往往不觉就是夜深。打开窑洞的门，满满地吸一口清凉的空气，喊一声"好大的雪"，不讲"瑞雪兆丰年"吧，那生活的意义是极为丰腴的。捧一捧雪擦擦脸，就是该睡觉的时候神志也会更加清醒。这时候，谁都愿意挑一挑麻油灯，读书或写作，直到天亮。

我怀念起那照耀世界的延安窑洞的灯火了。那灯火闪烁着英明的革命舵手的智慧，那灯火辉映着斧头和镰刀的光辉。革命队伍里谁不传颂那个感动人的故事呢？当《论持久战》正在写作的时候，换岗的警卫同志多少次交接着同样的一句话啊："主席还没有休息。"又多少次送去的饭菜凉了，端下来热热，再送去，又凉了。"窑洞里出真理"，是从那个时候大家说起的。从那个时候，不，还要更早，从革命队伍诞生的时候，真理就鼓舞着每一个革命战士的赤心，真理就呼唤着每一支革命队伍前进。在这个意义上，那窑洞的灯火是永远发亮的，那窑洞的灯火所照耀的地方是无限广阔的。

窑洞从山腰挖起，一层一层往山顶挖去。随着山崖的形势挖成排，远远看去就像一带土楼。每层窑洞的前面，用削山和打窑的土，恰好可以垫成一片平地。上下左右的窑洞，高低错落，不一定排列得都很整齐；那整齐的却有时候上一层的平地就是下一层的窑顶。在这种九曲回廊似的窑前平地上，可以种菜，养花，栽树。西湖白堤的"间株杨柳间株桃"，被称为江南绝妙景色。这种窑洞建筑的

"一层窑洞一层田"，不也可以称为塞北的大好风光吗？若是种瓜，上层的瓜蔓能够挂到下层的檐头，天然的垂珠联珑，那才真叫难得哩。景致更好，是夜里看，一排一排的灯火，好像在海岸上看航船，渔火千点；也好像在航船上望海岸，灯火万家。

窑洞也有几种。陕北过去的老财，平地盖房子也喜欢砌窑洞。砌石窑、砖窑。砌得讲究的，要窑前出厦，带走廊。窑外油漆彩绘，窑里墁石灰，粉刷成象牙白、鸭蛋绿的颜色。地上铺方砖，烧地炕，更阔绰的还铺地板。贪婪地收了地租和利钱，不恣意享受又干什么呢！革命队伍住窑洞，可不是贪图享受，主要是图打窑洞价廉工省。一把镐头，一张铁锹，一副推车或抬筐，自己动手，十天半月就可以安排一个住处了。为方便，大窑可以套小窑；为防空，窑后可以挖地道。在防空洞里走，西窑里进，北窑里出，一点钟能绕半个山头。抗日战争期间，平原地道战打得敌人晕头转向，窑洞加地道，打起仗来敌人更只有送死或投降的路了。

在关中塬上，我见过平地挖"土城"又在"城墙"上打的窑洞。那土城和窑洞集中的时候，会像蜂房水涡，自成地下村落。那种村落，在远处是看不见的。只偶尔在路上走着，影影绰绰望到不远的地方有一丛两丛树梢，隐隐约约听见哪里有三声五声鸡叫，奔着树梢和声音走去，忽然发现自己仿佛从天而降，已经站在一座土城的城墙上了。在城墙上俯瞰城里，一圈一圈就都是住户人家。跟一般城里不同的是：这样的人家都住在从四周土墙挖进去的窑洞里。城圈的中间，有时也留一座两座土岛。土岛上会是草木扶疏、藤蔓披离。土岛周围也有一些大小不一的窑洞，不过那些窑洞多半不住人，而是养家畜家禽，堆放柴草。土岛和土墙中间，构成环形的街巷，街巷里一样也种菜、养花、栽树（路上望见的就是这些树的梢头）。雨落在街巷里，太阳照在街巷里，"鸡犬相闻"，俨然是世内桃源。

这种住处的特点是：自带围墙，牢固，安全，又不占耕地。窑洞的顶上一点也不妨碍耕种或者走路。清朝沈琨的《过陕》一联说："人家半凿山腰住，车马都从屋上过。"我看写的是相当真实的。

一九六二年六月十一日

"早"

这一个字，散发着幽香，放射着光芒……

深冬，酿雪的天气。我们在绍兴访问三味书屋。从新台门走几分钟，过一道石桥，踏进坐南朝北的黑油竹门就到了。

三味书屋是三间的小花厅。还没进门，迎面先扑来一阵清香。那清香纯净疏淡，像是桂花香，又像是兰花香。细想又都不像。因为小寒前后，桂花早已开过，兰花却还要迟些日子才开。是什么香呢？据说"三味"是把经书比作五谷，史书比作蔬菜，子书比作点心的。也许是书香？三味书屋是几十年前的书塾，当年"诗云""子曰"，咿咿呀呀的读书声街上都能听得到，盛极一时。现在是鲁迅博物馆的一部分。过去在那里教书的先生和读书的学生，现在差不多都已经成了古人了，访问的人只能凭着书屋里的遗物来想象他们的音容笑貌。遗物里书是不多的，博物馆的意义也不在藏书。

书屋的局势是这样：西向，门两边开窗。南墙上有一个圆洞门，里边有小匾题"停云小憩"。东边正中挂一幅画，画上古树底下站着一只梅花鹿。那是当年学生朝着行礼的地方。画前面，正中是先生的座位，朴素的八仙桌，高背的椅子，桌子上照老样子整齐地放着纸墨笔砚和一条不常使用的戒尺。学生的书桌分列在四面，东北角上是鲁迅用过的一张，当年鲁迅就在那里读书，习字，对课，或者把"荆川纸"蒙在《荡寇志》《西游记》一类的小说上描绣像。现在所有书桌旁边的椅子当然都是空的。想到几十年前若是遇到这种情形，寿镜吾老先生该会喊了吧："人都到哪里去了！"默默中我仿佛听到了那严厉的喊声，同时记起鲁迅在文章里写过书屋后面有一个园，学生常偷空到那里"爬上花坛去折蜡梅花，在地上或桂花树上寻蝉蜕"。

我也忽然明白了清香的来源：是蜡梅花。

迈进后园，蜡梅开得正盛，几乎满树都是花。那花白里透黄，黄里透绿，花瓣润泽透明，像琥珀或玉石雕成的，很有点玉洁冰清的韵致。落花也不萎蔫，风吹花落，很担心花瓣会摔碎。那硬挺的样子，仿佛哈口气会化，碰一碰会伤。但是梅花可并不是娇嫩的花，它能在数九隆冬带着雪开哩。"众芳摇落独鲜妍"，天气越冷，开得越精神。这株蜡梅既然是鲁迅早年的游伴，现在该足满一百岁了吧？"老梅花，少牡丹"，梅花的植株以年老的为好，看这株梅花开得热闹劲儿，怕正是又年老又年轻的。就季节说，梅飘香而送暖，雪六出以知春，梅花开的时候，也正预示着春天的到来。二十四番花信风，一候是梅花，开得最早。

早啊！鲁迅的书桌上就刻着一个"早"字。

那个"早"字，不是为记载梅花开放的时令而刻的，那更有深刻的意义。我们带了一种虔敬的心情，去鉴赏那个字。阴天，屋里很暗，没有灯，也没有谁带手电筒，凭划两根火柴的亮光，我们找到了那个字。字是横着刻的，很像一个含苞未放的花骨朵，又像一支小巧玲珑的火把。不知凭意义还是凭想象，当火柴擦亮的时候，那个字也一下子发起光来，顿时照得满室通亮。

那个字有这样一段来历：说是鲁迅的父亲生病的时候，鲁迅很忙。一面上书塾，读九经（五经加四书），一面要帮家务，天天奔走于当铺和药铺之间。有一天早晨，鲁迅上学迟到了。素以品行方正、教书认真著称的寿镜吾老先生严厉地说了这样一句话："以后要早到！"向来勤奋好学、成绩优异的鲁迅，听了没有说什么，默默地回到座位上，作为自励，就在书桌上刻了那个小小的字："早"。把一个字轻轻地刻在书桌上，实际是把一个坚定的信念深深地埋藏在内心里。从那以后，鲁迅上学就再也没有迟到过，而且时时早，事事早，奋斗了一生。

清朝末年留学日本的时候，鲁迅厌恶那些把头发盘在帽子里成为高高的"富士山"的人，自己首先剪了发。为治病救人，从而救国，最初立志学医；等看到光是身体健康并不能医治国人愚昧的时候，便研究文艺来唤醒人民，去争取自由和独立。从进化论到阶级论，从"绅士阶级的逆子贰臣"到无产阶级的战士，鲁迅都是作为旗手站在时代的最前边的。

早！在绍兴登卧龙山，游览越王宫殿的遗址，从残存的丹墀、础基、穹门，还能想到当年建筑的宏伟。也想到了两千四百年前，越王勾践"卧薪尝胆"的故事。勾践被夫差的大军围困在会稽山上，被逼到吴宫养马。屈辱当中，范蠡、文种却帮助他定下了"十年生聚、十年教训"的复国大计。

早！也是在绍兴卧龙山，凭吊风雨亭。那是为纪念秋瑾女士建筑的。吟咏着"秋风秋雨愁煞人"那悲凉的名句，想到远在六十年前，在帝国主义和封建统治压得人喘不过气来的时候，以一个生在封建官僚家庭的女子，七岁读书，十一岁赋诗，婚后变卖珠花珠冠，冲破重重樊笼，到日本留学。腰里佩带"倭刀"，大呼解放民族，解放妇女。曾经作诗说："拼得十万头颅血，须把乾坤力转回。"又说："休言女子非英物，夜夜龙泉壁上鸣。"亲手创办《中国女报》，亲手组织武装革命，真称得起是巾帼英雄、妇女的先锋。

早！谚语说："时代和潮流是不等人的。"读书，劳动，革命，建设，为什么不应当早呢？读屈原的《离骚》，开篇不久就说：

汩余若将不及兮，
恐年岁之不吾与。
朝搴阰之木兰兮，
夕揽洲之宿莽。

反复朗诵，每每给人一种发愤的启示和鞭策。"黎明即起，孜孜为善"，的确要早。要热爱时间的清晨，要热爱生活的春天。要学梅花，作"东风第一枝"。

一九六三年一月十二日

布　衣

李斯说："斯乃上蔡布衣，间巷之黔首。"诸葛亮说："臣本布衣，躬耕于南阳。"李斯的话是在踌躇满志的时候说的。"置酒于家，百官长皆前为寿，门庭车骑以千数……可谓富贵极矣。"诸葛亮的话则表露了谦逊感激的心情："先帝不以臣卑鄙，猥自枉屈，三顾臣于草庐之中，咨臣以当世之事。"李白也自称："白陇西布衣，流落楚汉。"接着陈述了自己不平凡的经历，说明平日所学和交游之广，转而自诩："虽长不满七尺，而心雄万夫。"

三位古人所处的时代相去近千年，论业绩造诣都极不同，把他们硬拉在一起，主要是欣赏他们共同的出身是布衣。布衣，顾名思义该是说穿麻布衣服的人吧，是平民。古时候称庶民、黔首。现在读历史，布衣给人的印象是淳朴、敦厚、耿介而有操守，比锦衣要光彩得多。苏秦佩六国相印，位高金多，车骑辎重过洛阳，衣锦还乡，妻嫂不敢仰视，在当时仿佛是荣耀煊赫的，但在后世的读者看来，殊不过尔尔，并不值得羡慕。到明朝禁卫军称"锦衣卫"，那就一想到它的附势专横，就令人深恶痛绝了。而"锦衣"也就成了叫人厌弃的字样。

"古者庶人耋老而后衣丝，其余则麻枲（枲也是麻）而已。"绫罗丝绸原是老人服用的，后来却变成了富人阔人的专用品，以致旧社会不学无术的富贵子弟被称为"纨绔"。

布衣，锦衣，不是单讲服饰的事。伴之以行的还有吃饭、住房子、走路代步的问题。穿锦绣的往往食必珍馐，居必华屋，行则驷马高车；穿麻葛的只能吃粗粮，住茅屋，走路"安步以当车"。这些代表了两种不同的阶级，不同的素养和品德。

如今社会制度跟从前不同了。人人讲平等；但旧的心理、好尚、习惯势力，却根深蒂固。"人是衣裳马是鞍"成为谚语。我们革命队伍很长一个时期穿草鞋、戴斗笠成为特征；中华人民共和国成立后因袭下来干部的服装多半是灰布或蓝布做的，男女衣裳也差别不大。国际友人乍看说单调，清一色；相处久了又学我们。作为风气，这应当就是当代的"布衣"吧。我们不反对衣冠楚楚、服饰整洁，随着性别、年龄和季节的不同也可以穿红着绿，打扮得像花枝。但布衣总比较随意些，普通些。现在还没有人主张生活"现代化"。肥裤腿，瘦裤腿，喇叭裤，时间或长或短，在部分人中时兴过一阵，不都是像季候风一样刮过了吗？老实人还是穿布衣长远。

有的同志从做地方"官"进了京，自嘲说："车越坐越大，房子越住越小。"自然是流露了不太满足的意思。从不要求特殊一点讲，这未始不是好事。好就好在越来越接近群众，越向布衣群靠拢。有的人住房子太多，有的又住房太少，以至"三代同堂"。这种情况实在不好。

至于坐车，最不好是把车辆变成摆阔的工具。孔丘就说过："以吾从大夫之后，不可徒行也。"就是说跟着大夫一道走，非坐车不可。"这是我的车。""你的车呢？"把公物变成了私产，甚至组织上通知一个病号参加会议，事先告诉有车接送，到时候却有人借口"不合坐小汽车的规定"，使那同志错过了粉碎"四人帮"后第一次出席会议的机会。谁的规定？

"坐小汽车，够级别吗？"小姑娘学着这样问。又是谁教的呢？

工人级别凭技术，部队级别凭战功，科学家凭创造发明。同志，咱们的级别该凭什么？大家参加考核的办法是值得提倡的。当然不是恢复科举制度，一定要求人"皓首穷经"，但择优录取、择优录用总是好的。再就是发扬民主，选贤与能。经理、车间主任，有的商店、工厂已经在试选了。众人是圣人，效果就是好。反正"白卷"是臭了，靠特权自封或"双突"都靠不住。你的金饭碗就能永远保证总浮在浪尖上？

封建社会的锦衣、玉衣，黄袍、红袍，还是送进博物馆或留作京剧服装吧，免得七品县令篡穿蟒袍玉带作威作福，米大的权用作万钧。

人民的国家，权属人民。地位再高，权力再大，依法超不出人民应有的一份。作人民的公仆，为人民服务，是布衣的本色。人民不需要也不欢迎官老爷。

选自一九八〇年一月十日《人民日报》

文 件

这是一九四一年五月，敌人还没在南北侯贯安钉子（据点）以前，发生在冀南四分区反扫荡中间的一件事情。

一

青年连的指导员带彩了。枪弹打在左胸。鲜血透过紫花布小褂向下流，按上手去，便从指缝里流，无论如何也止不住。通讯员站在他旁边，想搀他起来，不想竟那样沉，怎么也搀不动。这个孩子还年轻，经历少，被这事吓呆了，急得直跺脚，汗珠像雨点一样滴落。

"指导员，你忍着点，我背你回去，你需要上药呢！"

"不要！"指导员说话虽没有气力，但人是清醒的，"也不要害怕。啊？"他伸手向左边口袋里掏出一卷纸来，声音轻微地，但清晰地继续说：

"你赶快回去，告诉连长说快一点转移！敌人就要上来了。"

"我不，指导员，还是我背你一道走。"

"不要管我，战斗要紧！"指导员的语气是恳切坚定的。

"要不，我和你一道在这里……"

指导员仿佛没听见通讯员的话，把手里的那卷纸递给他："这是连上的伙食账。司务长给我看，我没来得及还他，回去亲自交给他。说我看过了。教他好好地工作。他是很辛苦的……"他稍稍喘一口气，又补充一句说："这关系全连的生活、全连的战斗情绪哩！"

通讯员的眼泪扑簌簌地就落下来了。

"为什么不走？"

通讯员像僵了，在迟疑着："我不能走！指导员。"

"怎么？你没听见敌人的枪声越来越近了吗？你能一连打死三个鬼子，我知道你好；但是他们是八百人啊！还有马队。你一个怎么打得赢？……我又——"指导员的声音变微弱了。

沉默——拂晓的旷野里吹着熟麦的微风。

指导员闭了闭眼睛，仿佛疲倦了，想休息一下；但忽而又振奋地抬起头来。看见通讯员还呆呆地踌躇地站在那里：

"你怎么还不走？"

"我——"通讯员泣不成声了。

"你不知道我没有力气吗？"指导员似乎生了气。"想想，我一个人要紧，还是全连的性命要紧，还是革命的事业要紧？……"

通讯员答应着："嗯——可是？"

"可是什么？回去！这是我的命令！这是你的任务！"

这几句话止住了通讯员的眼泪，他要说话，又用力地咽下去了。"敬礼！"那么一个严肃的姿势，充满了一种坚强的克制的力。

"指导员的枪呢？"临走通讯员这样问。

指导员的回答是简单的："我的枪留着，我要把最后一颗子弹送给敌人，不能就留给自己。"

通讯员毅然地走了。"多么好的同志啊！"指导员望着他匆匆逝去的背影，自言自语地说。

二

指导员躺在道沟里。他脑海里掠过了这样一个意念：战斗，战斗，生活是多美呀！我多么想活！

但是敌人的枪声和马蹄声却愈逼愈近了。

指导员突然举起他一直紧握在右手里的盒子枪来，想朝着敌人的方向，实际是朝了自己的太阳穴，扳了一下枪机。枪没响。这时他记起子弹早已打光了。他惊悸了一下，于是立刻把枪递到左手里，便用右手拼命挖掘泥土。手一用力，伤口便涓涓流血；很吃力，很痛苦的样子。但是他紧闭着的渴得要冒烟的嘴，和紧紧锁着结的眉头，却显现出一种坚强的意志。

他把枪放在挖好的土凹里；略一沉思，仿佛想想还有没安置妥帖的事情没有，一霎，像猛然记起，便又用颤抖的左手从右边口袋里摸索出另一叠纸来，也急遽地按在放了枪的土凹里。然后困难地掩盖上些土，像了结了最后一件心事，两手一松，身子沉重地压在了土上。微弱地喘息了一会，他昏了过去。不过一刹那他又清醒了，他用手指撕开衣服，更痉挛地用手指撕了撕伤口。伤口一撕，血便横溢地流出来。血沾湿了泥土，湿透了他身子底下的土凹，成了一片殷红。

最后一息，"来吧！我是胜利的……"像口里的嗫嚅，像意念的闪烁，像神经的一个轻微的颤动。似乎有声，似乎无声地在空中荡漾着，愈荡愈缥缈，愈远。

而他纸白的脸上浮着的是胜利的微笑。

三

通讯员回到连部，连部恰好还有足够的时间转移。知道指导员挂彩了，连长一面准备战斗，一面立刻派了一个班交通讯员带着去救护指导员。临走，连长再三叮咛："无论如何，要和指导员一块回来。"

出发的人出发，太阳刚刚露头。太阳一竿子高的时候，北侯贯的一个老农民孙老汉颤颤巍巍地赶来了。打听出连长的住处，一进门就喊："我要亲自见连长……"声调里透露着呜咽。

"老爹爹！"连长听见声音就赶忙从屋里出来，他感到有一种不幸的预兆。"有什么事要你老人家自己跑？这样人慌马乱的！"

"给！"孙老汉递给连长一个用手巾包扎得严严的小包。"人慌马乱？老命不要，我也是要来的。"连部过去住过孙老汉的家，他是把青年队的小伙子当作子弟看待的，那是队伍的一位慈祥的老爸爸。

解开手巾，连长愣住了。脸色有好一阵苍白。半天才握住孙老汉的手说："老爹爹，这是怎么的？"

"清早，看看鬼子过去了，我背着粪筐想跑回家去看看，不想碰见有人躺在我地边的道沟里，浑身是血。我当是谁，走近一看是指导员。我骂我的老花风泪眼，一定是看错了；可是待我擦干了泪，分明看见指导员要和我说话的样子，唉，还是那么和善！……"孙老汉的叙述，因为哭泣有一霎中断了。"我向村里走，可是我这两条老没出息的腿，老是发抖发软，我喊六月他爹，我的喉咙又偏偏不听使唤！……好歹，来了人，把指导员抬起来。这不是，看见土凹里埋的这枪，这纸。纸都叫血浸透了……"

他哽咽地说不下去,最后才又挣扎着问道:"连长,这可怎么好?"

文件,连长已经打开了,那是五月反敌人抢麦"扫荡"的作战命令,还有一纸支部的决议。他很感动,说不出怎样安慰孙老汉的话。但是,终于是战争里久经锻炼的,他还是抑制了情感,说:

"老爹爹,住你的,吃你的,伤了还要你来照管!"

"哪里话,都为了打鬼子。"

"指导员呢?"

"我已吩咐家里装殓了。郭五的寿棺,我的寿衣。村里人都来帮忙呢。就埋在我祖林的旁边。不要操心!只要把这个(指枪和文件)收下,还是领咱老百姓齐心打鬼子!"

"是,老爹爹,我要替指导员报仇!保护咱们乡亲!"

四

激昂,悲愤,肃穆,交织着南北侯贯军民的一片战斗的赤心。那一年这一带麦收是丰饶的,麦田里留下的是敌人一次次抢麦的惨败和反"扫荡"中敌人大批的死亡。

一九四四年五月

论忘我的境界

在人人都只知道有"我"的时候，忘我的境界是不易体会的微妙的境界，也是最圣洁、最崇高、在市侩庸俗的生活里难以企及的境界。那像半夜的钟声，它波动着深远的令人起静穆之感的音响；也像深谷的花朵，它散发着清越的素淡的幽香。

"站开些，别遮住我的太阳。"这是古希腊淡泊哲学家狄奥基尼斯（Diogenes）对来访问他的亚历山大王所说的话。传说这位哲学家是住在桶子里的，经常就在桶子里晒着太阳来思索宇宙的奥义和人生的哲理。自己过着的是怎样的生活，却从没放在过心上。凑巧有一天，亚历山大王挟着一世的煊赫来问他："老先生，我可以帮助你什么吗？"（是百万富翁要施舍两片面包的一副仁慈悲悯的神情哟！）那老哲学家却连抬头望望的意思都没有，只冷冷地说了这样两句话。本来，就算是不可一世的国王吧，在富有宇宙的哲学家看来不是像草芥一样的不值什么吗？在那情景下的王也会立刻为自己的渺小而觉得惭愧与尴尬吧。

同样是古希腊人的亚尔希美德（Archimedes）：大数学家，发明螺丝钉的，也有过令人听了肃然起敬的轶事。说是他住的城被敌人攻破了，当一个敌人跑去要杀他的时候，这位老科学家已经老得不能用本力来抵抗了，他只说："不要动我的图样！"那意思不是很明显地表示着吗？杀是不要紧的，要保留我的图样哟（说不定是从那时起，我们才有了螺丝钉的）！

踢开利害的打算。将生死也置之度外，考虑的只是大家的幸福或真理的存在，如范仲淹："先天下之忧而忧，后天下之乐而乐"，那精神也是这种精神。至于教人"认识你自己"的雅典哲人苏格拉底，当人家诬告他是青年的诱惑者的时候，他带着得胜的神气，离开审判法庭去就死。他说："现在我们走的时候到了，你向'生'去，我向'死'去；至于你我谁能得着更好的命运……"也是这种精神更到家的好例子。

把全副精力都集中到自己所爱的、所向往的或所行动的事物里，而沉浸到里面，淹没到里面，融化到里面的，就是忘我。孩子已经死了，还兀自坐着，将孩子紧紧地抱在怀里，喂他奶，把他摇动着给他唱歌，给他说话：那是忘我的慈母；"采菊东篱下，悠然见南山"：那是忘我的诗人（陶渊明）。把鸡蛋放在锅里煮了半天，等伸手捞来吃的时候，才知道煮了半天的是表，鸡蛋还放在旁边：那是忘我的科学家（牛顿）。

爱到痴迷的人，是真正的爱人。把恋爱的进行清清楚楚定出策略来：写信哟，送礼哟，而几乎把每次会面所要说的话都很理智地组织好了的人，那可能做一位势利的丈夫或妻子，但绝不会是一个很好的，能了解人、体谅人的爱人。等偶尔两人的交谊决裂，他（或她）会立刻写信给对方："把我给你的表链还我吧！"而心目中已经找好另外需要送表链的人了。要爱就得把整个的心灌注到爱情里才行，把爱情看得高洁一些才行。那把无聊的情书拿来示众，或"我们已经到了接吻的程度了"，来夸耀别人的，是只有俗得令人作呕的。学习，也是这样。譬如拉提琴、绘画、学外国语，就非埋下头去，像俗话所说的"上了瘾迷"是学不好的。哪怕拉的琴像猪叫，听见的人都掩耳而过呢，你还是早啊晚啊无时无地不"吱吆"着，慢慢地手指熟练了，弓弦上响出优美的曲调了。还没有开口就怕别人见笑，你怎么能会说一口流利的语言呢？因为太注意自己，就失掉把握自己所从事的事物的能力了啊。要忘我！

对自然与人生，真能人乎其内，出乎其外，役使万物，而又渗入万物与万物成了浑然一体的是忘我的境界，所以常常学识最渊博，志趣最超拔，最有素养、最富建树的人，倒有时天真得像一个纯洁的孩子，或竟带了几分傻气——穿了彩衣作小儿戏来娱乐双亲的老莱子，那是人人都晓得的——原因是他心有专注，世俗的礼仪习惯他都没有工夫分心，也觉琐屑不足注意啊（正所谓不失赤子之心）！英国的约翰生博士，曾沿了栽着电线杆的林荫路散步，每走过一根电线杆，就用手轻轻地打一下，走了很远，他忽然记起有一根是空过了，便重新回去，补打一下，才再继续前进。将门上开一大一小的两个洞来放出放进那一大一小的两只猫的，是某英国大科学家大发明家的故事。所谓"大智若愚"该是这种事理吧。

关羽割骨疗毒，"时羽适请诸将，饮食相对；臂血流离，盈于盘器；而羽割炙饮酒，言笑自若"（陈寿：《三国志》）。淝水之战，秦苻坚以投鞭断流的优势攻晋，谢家军把他们打得风声鹤唳，草木皆兵。而主将谢安，却事先"游谈不暇"，事后"得驿书，知秦兵已败。时方与客围棋，摄书置床上，了无喜色。客问之，徐曰：'小儿辈遂已破敌。'既罢，还内过户限。不觉屐齿之折"（《资治通鉴·晋纪》）。这些是忘我的大勇者的来历。法国革命的一八三〇年，革命群众想消灭一个小岛上最后一部反革命的势力，曾借一座桥作了战场：他们从下午战到黄昏，那座桥总也攻不过，这时忽然从革命的群众里跳出一个青年，大声喊道："同志们，随我来！我的名字叫阿寇尔！"他的话才说完，便遭了一个火弹，倒死在血泊里。但是他这一喊，革命的群众却像得了神勇，一阵猛攻，便把皇党的阵垒突破了，革命成功之后，那桥便改名"阿寇尔桥"。又纪元前四百九十年，波斯侵雅典，被雅典大将米勒狄大败波斯军于马拉松。那时有一个善跑家名叫裴迪庇第斯的，回雅典城报讯，他一壁记挂着城里在焦急的父老，一壁为奏凯的喜悦兴奋着，他跑啊跑啊，只觉得两腿像在飞，把自己完全忘记了。几小时的工夫，竟跑了二十六英里三百八十五码。等望到了城上父老，两手向空一扬，大呼了一声"胜利！"就倒地死了。后来成了"马拉松竞赛"的起因。这呼着"随我来"和"胜利"的英雄们，我想他们是不曾想到他们自己的危险和疲惫的。可是从那以后有了"阿寇尔桥"，有了"马拉松竞赛"了。

生活就是战斗。在战斗的当中，时时有个"我"在，一个人便时时须为我而生些多余的杞忧和顾虑。生死哟，利害哟，危险哟，总在内心里斤斤较量着；可是应当把握的契机，在这较量的时候倏然逝去了。为什么景阳冈上，武松用半截哨棒了结了一只吊睛白额大虫，而在下冈的路上遇到两个把虎皮缝做衣裳，紧紧绷在身上的猎人，却不禁喝道："哎呀，今番罢了！"为什么"广出猎，见草中石，以为虎而射之，中石没镞。视之，石也；因复更射之，终不能复入石矣"（《史记·李将军列传》）呢？还不是在前是忘我的时候，而在后却忽然意识到了自己的缘故吗？古人说："可以碎千金之玉，而不能不失声于破釜。"那分歧处怕也就在乎忘我与不忘我一点上。如此，孟子所善于修养的至大至刚的"浩然之气"，就似乎是在忘我的时候一种精神表现了。只有忘我，才能牺牲自我，发扬自我，成就自我。

忘我才有真我在（依照哲学的矛盾统一律这是解释得通的吧）！

实在说，站在无限大的空间——整个宇宙的观点上，站在无限长的时间——整个人类历史的观点上，一个我算什么呢？论体积太微末，论寿命也太短促了。只就个人的口腹衣着，或暂时的安适愉乐，而努力，而挣扎，有着多大的意义呢？结果将自己应有的几岁年纪打发完了，最后还不是两手一松在泥土里赚一把把腐臭的枯骨吗？所以非有超出于自我的目的不可，非有超出于自我的理想不可！席勒说："国家太小了，世界才是我们的题目。"马克思说："我是一个世界的公民。我所在的地方，都要工作。"把这些同样意思的话另换一句，我们也应当说："个人太小了，我们应当注意的是整个人类的事。"

说着"卡尔，我的气力完尽了"而死的马克思夫人——燕妮，恩格斯在她墓前演说里说："她的最高的快乐是使别人幸福。"这句话是可以作一切伟大的思想家、科学家、革命家的注释的。忘掉自己，与别人的（更明确说是为大众的、人类的）幸福而奋斗吧！比起人生，艺术是久远的；比起个人，人类是永恒的哩！只要把握住这个原则，那就放胆地去做吧。像但丁的骄傲的诗句所说的："走你的路，让人们说他爱说的话！"一直往前，到胜利为止，你是不会走错路的。反转来，若事事从一个我字出发，即便以最能开发"为我"的哲理的杨朱为例，人人都"拔一毛而利天下弗为也！"我看人类也永远不会从原有的基础上提高一步、进化一步。

到这里我想起一个现实的活的故事了：

在战争环境里，在荒僻的野村里，革命军队的野战政治部主任傅钟，他戴了深度的近视眼镜，在堆满了文件稿札的粗笨的木桌旁边埋头工作着。军队里，荒村里，连睡得最迟的人都已入梦了，伴他醒着的只眼前一盏摇晃不定的菜油灯和在村边来往巡哨的一两个紧握了枪支的兵士。农家的雄鸡也已叫过两遍，他全没注意。直到就在窗外耳边响起了号声的时候，他才问睡在左近，正自转侧的客人说："是什么号哇？"

"大概是起床号吧。"

"噢——起床号吗，那我该睡了。"

其实早就该睡了啊！

是这样的忘我境界！

一九四一年冬

客居的心情

这里是披露的几页友人的来信。

……你问我在热闹场合和人们交往的时候我常是显得愉快、开脱，为什么在信札文稿里流露在笔底下的却往往那样寂寞、忧郁（用你的话形容，说像海上的雾天，或梅雨的江南）？这要分析说明是徒劳的，像不易答复为什么月光素淡而太阳光却亮得耀眼。若是勉强找理由，像普通医生对一般没有把握的病症，漫指为流行性感冒那样，我说我怕是客居的心情在作祟吧。

平常我总爱把世人分作两种：一种是客居而像主人的（厉害了有"喧宾夺主"），一种是居家也像做客的。两种比较，我喜欢后一种；性格里也仿佛沾染着后一种的彩色。至于先禀赋了这种性格才有了这种好恶呢，还是先习惯于这种好恶才具备了这种性格呢？那就很不了然了。譬如鸟，除却了羽翎的美丽或歌声的婉妙，我就讨厌金丝笼里豢养的会传话的鹦鹉，而比较的喜欢候鸟：如秋来向南飞的大雁，或呢喃着"不借你的盐，不借你的醋，只借你的屋梁住住"的那种燕子。

是真的啊。自从十多岁出外读书，故乡在我就已变成异地。每当假期回家，在父母身边，在邻里伯叔丛里，自己总仿佛是客人似的。家制的风鸡腊肉，像款待宾客一样这时被母亲端上饭桌了。去给二伯母家请安，那两张笨重的老漆椅为我拂去了浮尘，珍贵地藏在衣柜里的石榴、核桃之类果品毫不吝啬地被塞进手里了。碰见小时的游伴，彼此以疏阔的眼光望着，说话像对了生客应对。那时自己的心里，记挂着的也是家乡以外的事物更多：师友啊，操场啊，校园里养鱼池，荷花和昼夜突突响的磨电机啊，甚至和自己吵过嘴打过架的人都会在脑海里浮起而带了几分甜味。行旅中的独轮小车、起火野店和挤满了人和行李的火车，不是曾给自己以沉重的困顿吗？但在家里想着时对那些却深深地怀念起来了，想：住几天我就走的。意思是故乡而外我还有更可留恋的家在。

可是到了离开家三百里五百里的学校，反过来我又会被缱绻的怀乡病所苦了。特别当寂寞地卧在病床上或遭受了什么不如意感到缺乏助力的时候。"我应当家去！"想着，甚至是欢乐的平日，一纸家书也唤得出莫名的眼泪。这时客居的情味是格外浓的：记着父母的训诲，就不敢骂人打人；为显示家庭的教养，对学业就分外勤奋刻苦："我没有败坏门风啊！""家"的观念鼓励了客居的自己，自己客居的成就又私自给了"家"以安慰。

随后四处奔波，插足在崎岖的生活的途上，家乡久别了，老人们先后故去，兄妹行辈，各自独立，随了时代推移，农村景象也变得凋敝萧索，狭义的家的观念就慢慢地像入秋的绿叶一样从心上淡去，而父母那些谨小慎微的吩咐，不再是行为上的紧头箍。在人前我勇敢了，粗犷了。要强，曾不惜拿性命作孤注。但客居的心情在深居独处的时候却愈来愈浓了。（外强中干吗？）是矛盾的，但也是秘奥的事啊！实在因为年龄稍长，经历稍一多，有些地方变成了第二故乡、第三故乡；有些人由陌生变熟识，由熟识变知交朋友，值得怀念的人和事，一重重叠起来，在心上打成结子，前脚落地，后脚即成陈迹，那么还有什么地方不是家、什么地方不是异乡呢？往日曾经结识的人物，曾经茌止的地方，都带着亲热的光辉在记忆的海里浮荡，甚至比较清晰的幻梦里的旖旎风光，爱好的书篇里的绚丽景象，都构成了故乡的、家的部分。于今我的家是太广阔太迹近理想了，而现实的我反永远成了客居。

那么这种家，这种广阔无垠、无处不在的家又是怎样的呢？

若然我是住在山上，这种家就往往是靠海的。那里有渔妇渔女，有海草盖顶的矮屋，港口有泊着的游艇，远远向长空划一抹黑烟的有庞然的火轮。白天，太阳暖暖的，晒得海滩上的沙也暖暖的，有赤脚的孩子在捡贝壳，在弄轻轻拍岸的潮水。月夜，粼粼的海波发着一片闪烁的银光。哪里传来动人的歌声，就正好随了海波荡漾，那座岩头上是格莱齐拉①和她老祖母住的素朴的老屋吧，隐隐约约地你会望得见那葡萄架和无花果树。那边也有歌忒②的家吧。她正对了大开的窗子，对了花岗石窗槛上的一列花盆，给漂亮的尧恩草拟一封温柔的信……在荒凉的山谷里散步的时候，在干巴巴的土窑里埋头工作的时候，或在设了伏的道旁握着枪守着自己的岗位的时候，我是愿意在面前展开这样一幅家乡画图的。这幅虽是缥缈，但是富有魔力的画图，会给我以无比的力、无比的勇气和兴奋。仿佛此刻过了，另一刻就到了那里，克服困难我不费吹灰之力。

若然住的是荒僻乡村，意想的家就该是繁华都市。那夜里像白天，鸡叫的时候了，还可以约三两个朋友出去吃夜宵。汽车嗞的一声在身边停了，不想（轻轻喊一声"你这个家伙！"）吓了自己一跳的却原来是老李。问着："好哇！"还紧紧地握手呢。"再会。"一扬手又分别了。自己压柏油马路怪无聊，"去买本书吧。"想着，一抬腿便跨上了一列绿牌电车。回家把昨天刚出版的新书

①格莱齐拉是法国诗人兼小说家拉马丁（Lamartino）所著小说《格莱齐拉》里的女主角。
②歌忒是法国罗蒂（P.loti）所著小说《冰岛渔夫》里的女主角，和渔夫尧恩结婚，终成悲剧。

看完，还没耽误再去看前天才拍完的电影片第一场映演。多紧张，多热闹啊！……呜，当然我为了一件自己并不感很大兴趣的琐事徒步蹒跚在尘土飞扬的大路上，碰不到一个可以说话的熟人，除了一群群红嘴鸦在啄那暴露在道旁的死马尸骨，又看不到一件能引人入胜的景物的时候，我的心又回"家"了。出窍的思想享受的最现代的物质文明。窒息的飞尘不能使人沉醉，安步实在也不能当车，但在这灵魂的壮游里，事务烦琐也好，路途遥远也好，我曾感觉不到疲惫。

再不然，在和平的环境里，大家垂着骇然的或倦怠的眼皮过日子的时候，我的家又该是在军营、在战场了。在那里我必须马不下鞍、衣不解带地睡眠，必须随时准备着迎接敌人的袭击和去袭击敌人。在那里，左右的人们个个都是共生死共患难的朋友，我将像爱自己的兄弟一样去爱他们。纯朴的群众是和睦为邻居，对他们我爱多于憎，欢迎多于疏远，哪怕他们是无论怎么自私的、愚昧的、小气的。甚至对敌人，只要他们放下武器，我们是可以互相握手的……因此，在我现在认为做客的时候，还有什么我不应当多谴责些自己，去宽慰别人；自己多受些苦，让别人去享那并不算多的舒服；自己多委屈些，教别人去为针尖大的劳碌，而争功，而夸耀，而得意忘形呢？我要注意的，是锤炼自己，使自己更坚强；是武装自己，使自己更加勇敢；加热，加力，使自己将来回"家"，那就是说回到那更复杂的环境，更惨酷的斗争里，能永远浮出水面，不致被狂涛骇浪所淹没。

一切反转来，我意想中的家就又完全是另一种了：烦嚣时我的家将是沉静的，因此在千万数的人海里，我感到藐小孤独；寂寥时我的家又是豪华的，因此尽管孑然独步。我可以心雄万夫。（曾有人说：一个皇帝夜夜做梦当乞丐，一个乞丐又夜夜做梦坐皇帝。你说谁比较更快乐些呢？）就这样，永远以陌生的异乡人的心情，我迎接每一个新的日子，我处理每一件新的工作。时时有一脉隐然的惆怅，或竟是痛楚，压在心头；时时又以一种飞来的兴奋或欢快，胜过了那惆怅，掩过了那痛楚。"看着永别的你的美丽却于我可亲。"（普希金：《秋天》）自己说：好好地活哟！做客是不容易哩。不要卑污，不要龌龊，心地要像雨洗的秋空一样洁白，情感要像霜染的枫林一样炽热。对事对人，要热要真。高热是熔化得任何坚硬的东西的，真诚是感动得任何懦怯愚顽的。认清是非，辨别黑白，从一万条岔路里寻出那唯一的一条大道通向真理。我矜持，我拘谨，我战战兢兢地怕把一首美妙的歌曲唱错了调子。当用这样的努力，而完成了一出繁难的演奏，而博得到了别人的掌声和喝彩的时候，回到幕后，代替高兴，我感到的是无限空虚和惭愧。

"多怪的癖性啊！"你会说吧？

是的，这就正是连我自己也解释不清的性格了。但我是从这里获得了我无价的安慰的。譬如我主持了一个盛大的晚会，或布置了一餐丰盛的筵席，当观众口角含笑迈着轻快的脚步走出会场或宾客们打着饱嗝骑上归马的时候，该是轮到我饭不想吃一口就跑回山角落的土窑里，倒锁上门，熄了灯，去对柿红的木炭火出神了；或急急地躺在木板床上，映了一盏荧然的麻油灯读《中国通史简编》了。一壁默默地寄于远人：朋友啊，爱人啊，报纸上看到一位无名的英雄，或茵梦湖①那样的书里一个金莲花的寻觅者咽，"看我做得好吗？""西天还有些儿彩霞"②，我想念着，我无声地吐露着嘘唏。

我把这叫作"客居的心情"。这心情，使我向往崇高，使我保

---

① 茵梦湖是德国施陶姆（storm）所著富有诗意的小说。
② 赵元任谱《教我如何不想她》中的一句。

持年轻；在悒郁时给我快乐，在徘徊时给我希望；给我爱，给我一切向上的进步的雄心。"我们所不在的地方就是好的。"现在不好，我们有将来；个别不好，我们有整体……

我永远讨厌那些处处做主人的人，（古帝王说："率土之滨，莫非王土；普天之下，莫非王臣。"——真是主人架子十足的）偏偏哪里都碰得见这样的主人。只要手边碰到的，都是他的。钱他用了，房子他住了，衣服他穿了，饭他吃了；却从不问钱是谁出的，房子是谁盖的，裁衣服的布料是谁织的，做饭的米粮是谁种的，摆一副神情，仿佛只有他该享受，别人才该服役吃苦；可是谁封你的啊！说真了，世上的事事物物，有什么东西我们可以以单个臭皮囊的资格说"这是我的"呢？什么都是大家的啊！甚至自己死了，留下的那一具皮肉尸首也只是草木的滋养或鸦狗的食料！

大地上虽也有以地球的六分之一，人口的两万万作为一个大家庭的，但那主人还是那整个两万万人口啊。单个说，谁不是客呢？恕我抄两句老书吧："天地者万物之逆旅，光阴者百代之过客。"

酸溜溜的，你看我发得算不算狂呓？

说我有点阿 Q 相，也随你。

化 装

太阳早已落山。大刘庄吃饭最晚的人家也都收拾了碗筷准备闩门睡觉了。这天晚上比较平静，连喂好了奶的小孩子都乖乖地抱在母亲怀里，听不见半点哭闹的声音。村里唯一还在外边走动的是徐家姑嫂。她俩在街东头正映了朦胧的月光推碾，碾轴发着吱吜吱吜单调深长的声音，显得这乡村的夜晚更加寂静。

月亮是一弯黄金梳样的上弦月。星稀稀的。透过碾盘旁边的槐树枝叶，地下有斑斑驳驳散乱的阴影。偶尔踏过树影，“踢橐踢橐”走过的是贺二叔。他在替炮楼里的敌人敲梆子。贺二叔是老实人，又是无妻无子的老绝户，敌人看中了他的忠厚，就硬要派定他专门值夜打更。村里隐蔽的抗日政权，也完全同意；为了村里大家的安全和更机密的斗争，都怂恿他干。于是他就夜夜在村里到处转着，每走几步，“剥，剥，剥”很匀称地敲三下梆子，意思告诉敌人说：“这村里平安无事，‘太君’们安安稳稳地睡觉吧！”若梆子一停被炮楼发觉了，敌人不敢下来也会朝村子里放枪。炮楼就在村子西边，离村西头的人家不到半里。

贺二叔碰见徐家姑嫂，便问道：“还推碾呀？”

两姑嫂回答道：“二叔，操心啊！”像招呼又像叮咛。

“反正大家都是一样。”说着梆子的声音就走远了。

可是，忽然村东传来了一阵喊喊喳喳的说话声，像什么风吹来的一样，小路上涌现了九个幢幢的人影。

"同志，这是大刘庄吗？"

里边有一个走近碾盘，喘吁吁地，开口就这样称呼，这样探问。嫂嫂徐凤——村里能干的妇救主任，凭她的机灵和细心，一听陌生人的口音，再打量一下他的身份，心里一亮就完全明白了。注意端详端详那九个客人的装扮，倒一律穿的是八路军崭新的夜行衣。走来问话的那一个还从腰里掏出火镰家什来打火抽烟，也蛮像庄稼人出身的模样。

徐凤一眨眼，不禁惊慌地叫起来："哎呀！怎么你们八路军敢到这里来？可不得了……"

"我们和鬼子打了一仗嘛！你看看。"

客人说着摸一摸身上，徐凤跟着客人的手指看去，的确，月光底下的夜行衣上，又是露水又是泥。两条腿竟都像从泥坑里才拔出来似的，裤子被泥水玷污了半截。

"啊，累坏了，给咱们做点饭吃吧。"

客人说得很亲切，很像自家人的口吻。

"可不敢，"徐凤很担心的样子。"要是叫村子里自卫团知道了，非把你们都捆起来不可！你们还是赶快走吧，这里不能停！"

"这一次无论如何要麻烦您啦。"客人仿佛很固执。

"那怎么成？我们不能不要命啊！"徐凤更感到为难。

说着，两方面几乎引起争执。"我们吃完了就走，又不是白吃你们的！"徐凤看看摆脱不了，才缓了缓口气说："好，那么你们跟我家去吧。可是你们别声张，一声张我们可就都没命了。"回头她使一个眼色，吩咐她妹妹说："二妹，你看着把碾收拾收拾，我陪客人家去。"走了两步，又着重说一句："箩是刘家的，可别忘了给人家送去。"刘家是游击小组长的家，妹妹从嫂子的眼色里知道送箩以外，应当干些什么。那任务是比收拾碾盘更重要的。这个并不笨的丫头，等客人刚刚转弯，这里她就先悄悄地到刘家去了。

客人是满意的，进门还再三声明："绝对不连累你们就是！"

徐凤领着客人，一进门就嚷："娘，来了客人啦。"

老太太正坐在炕上做针线呢。听见媳妇的声音，就赶快从炕上下来。透过黯淡的灯光，她看见踏进屋来的客人穿的是一色八路军的夜行衣。她就亲热地说着："同志，您来啦。"伸手去拿板凳，招呼让座。

"娘，"徐凤叫一声，眼睛一转："客人要吃饭呢。"

"怎么？"听语气，看神情，老太太心里也明白了。"咱可不敢招待八路军。三四个月了，这里连八路军的影子都没有，你们怎么敢到这里来？"

"难道你们不抗日吗？"客人像沉不住气，这样故意追问。

"好我的天，抗日？也得要命呀！"老人家回答得很严正。

"娘，我在碾上已经答应人家做饭了。"徐凤说。

"你答应的你就快做去！"老人家似乎生气了："不管死活！"转过脸来，她又对客人说："你们吃了饭可要快走，待在我们家不是玩的。村里报告了楼子上，咱全家可就都完了。"

这家终于招待客人吃了一餐夜饭。

在吃夜饭的时候，外边贺二叔还在继续着敲他的梆子，声音还是一连三下。但是从那九个人进村以后，他敲得已不再那么匀称，"剥，剥——剥，"声音变成两短一长了。这差别粗听是听不出来的。但村里的游击组员却都懂得。意思是说："村子里有敌人来了，你们赶快到那里集合吧。"

徐凤家里的客人，一顿饭足磨叽了两顿饭的时间。临走徐凤再三告诉他们："要走，出村东往北拐，走树林旁边那条小路，可不要乱走，附近都是炮楼。"

说话就快下半夜了。大刘庄的游击小组在村北二里地的树林里，已等了很久。但他们没有白等，正像游击小组长所预料的，他们在那里打了一个漂亮的伏击。得了八条枪，活捉了七个俘虏，里边还有两个朝鲜兵。游击组员都是化了装的，穿的是黄绿色军衣。

快鸡叫了，徐凤家又有人敲门。

"大娘，开门吧。"

徐凤的丈夫是游击组员。刚刚回来，正脱着黄绿色军衣，和老婆、妹妹谈论伏击的经过呢。老太太一下跑进来，对着儿子的耳朵说："又是那一伙回来了！"徐凤在旁边听了一愣。丈夫却已经一下跳到了靠近大门的屋顶上。只听有两个人在门外嘟哝：

"我说会吃亏吧，你不信。"抱怨的是中国人口音。

"八格！"骂人的是一个鬼子。

屋顶上就大声问道："谁？"

"八路军。"是门外的回答。

"八路军，"屋顶上一砖头打下去，"九路军我也打！"

只听"哎呀"了一声，又仿佛说了一句："大大的好的！"跟跟跄跄的脚步声就慢慢向大刘庄西头炮楼的方向逃去了。

第二天，大刘庄炮楼里死了一个夜里来的日本兵。那个人头部受了重伤。而村北五里地外的一个敌人据点里透露出风声：说有一个日本人带着两个朝鲜人、六个伪军，第一次化装了八路军出去巡夜，探访这一带八路军的活动和它跟老百姓的关系，准备清剿烧杀。可是天色大亮，只回来了一个伪军。那伪军报告说："这一带三四个月都没有八路军的影子了。老百姓不敢私通八路，八路军在老百姓家吃顿饭都不容易……"敌人小队长听了很高兴。

"可是，"伪军继续地报告，又把小队长的高兴打回去了。"我们从大刘庄往回走，却遭了突然的伏击：丢了八条枪，七个人被俘了。我和'太君'，逃出来，想再回大刘庄看看是不是有什么动静，不想村里依旧静悄悄的，'太君'却叫人家当八路打死了！"

小队长听了很气愤，一下子跳起来："不要说啦：打伏击的穿的是什么衣裳？"

"月亮地里看得清楚，"伪军没敢迟疑，也没敢编造，就据实地说："穿的和我们队伍一模一样，是黄绿色军装。"

"奇怪，是哪个碉堡的呢？"

小队长纳闷了。像在葫芦里，像在鼓里。

"皇协军，打了八路的埋伏。"大刘庄一带，口头传说；但到底谁打了谁，老百姓的心里却和徐风的心里一样，大家都是雪亮雪亮的。

一九四四年十一月十日

夜　谈

　　说不定性格是属忧郁一派的，要不怎么会喜欢了夜呢？

　　喜欢夜街头幢幢的人影。喜欢空寂的屋里荧然的孤灯。喜欢凉凉秋夜唳空的过雁。喜欢江船上眠愁的旅客谛听夜半钟声。喜欢惊涛拍岸的海啸未央夜还訇磕地回应着远山近山。喜欢使祖逖拔剑起舞的阵阵鸡鸣。喜欢僻街穷巷黑阴里接二连三的汪汪犬吠。喜欢午夜的一声枪响。喜欢小胡同里蹒跚着的鸟儿郎当的流氓。喜欢直响到天亮的舞场里的爵士乐。喜欢洞房里亮堂堂的花烛，花烛下看娇羞的新嫁娘。喜欢旅馆里夜深还有人喊茶房，要开壶。喜欢长长的舒一舒懒腰，睡惺忪地大张了口打个喷嚏；因为喜欢了夜，这些夜里的玩意便都喜欢了呢。

　　是的，我喜欢夜。因此，也喜欢了夜谈。

　　火辣辣的白天，那是人们忙手忙脚在吩咐人或听人吩咐的时候。庄稼老农正犁耙、锄头汗一把泥一把地在田间苦辛劳碌；买卖家正拨动着算盘珠响，口角飞沫，毫厘忽的计较者，在彼此钩心斗角地耍着聪明；工人们心手都变了机器；学堂里，先生们在拿了不是当理说，学生在闹着鬼，偷先生睡晌觉的那点闲暇。这些，想谈话，谈何容易？要谈且等到夜吧。要谈也最好是夜吧。

　　夏天夜里，在乡间，刚刚放下晚饭的筷子，星星就已撒满天了。庭院里蚊子多，也多少有点见闷热，替祖父拿着狗皮垫褥，提了水烟袋，走到村边绕了杨柳树的场园时，咯咯啰啰说着话的地上已坐满了人了。披着蓑衣的，坐着小板凳的，脱了鞋就拿鞋当了坐垫的，铺了苇席叠了腿躺着的，都乘凉来了。老年的爷爷、中年的伯叔、年轻的兄弟，都亲热地招呼着：

"吃过了吗？"

"这边坐坐啊。"

有说着欠欠身的，也有说着就站了起来的。心上真是平安而熨帖啊。先是会吸烟的吸一阵子烟，不会吸烟的去数数星捉捉萤火虫，慢慢地就谈起闲天来了。慢慢地就说起故事来了。有长毛造反，有梁山伯祝英台，有"那年大旱一连七七四十九天，田中颗粒无收"。说鬼，说狐仙，说家长里短，真有味哪。害怕了时往人缝里挤挤，听得高兴了，随了大家一块儿笑笑。望着一直黑到天边的茫茫大野，看着星，看着萤火，看着烟斗一亮一亮的微光，心是冲淡宁静的。人是与夜合融了的。一个流星扫过了，大家嚷："你瞧那颗贼星！"路边走过一支灯笼，狗咬起来了。

"狗！"有人在呵斥着。

问："上那儿去的？"

"赶店的呢。"或"到城里去的。"那提灯笼的回话。

心上一惊往往接着就平安了的。眼看着灯笼远，远。跟前故事又开头了。偶然也来两口二黄、梆子腔。你听，"金牌召来银牌选……"还是小嗓。

这是夜谈。这是乡间的夜谈。这样夜谈是常常到丙夜才散的，是常常到露重了才散的。是常常谈着谈着有人睡着了，打起呼噜来；有人瞌睡了，打起呵欠来。有谁家孩子的妈唤她的孩子："还不给我回来睡觉！"孩子揉着困眼，不愿走，可是走了。又有谁家丈夫的老婆喊她的丈夫："我说，还不回家吗？"听话的老实的丈夫，也是不愿走，可是也站起来走了。这样你走，我也走，人就渐渐地稀，话就渐渐地少了。到人散净了，狗也"啊哼"一声舒起懒腰来，留下的就只有吱吱的蝙蝠飞、嗡嗡的蚊虫叫，仿佛还在谈得热闹。

有远离乡井的人，栉风沐雨的漂泊，山啊河的跋涉，想着家，迈着疲惫的脚步，好歹在太阳快落的时候赶到了一家野店。进门，跺跺脚上的尘土，擦一把脸，擤擤鼻子。到屋里，喝茶呢，怪渴，喝了几杯；不想吃东西，也胡乱地应酬了点儿，不过应当收拾睡的时候，却偏偏睡不着了。对了一盏灯，孤零零的，又乏，又闷，又愁，简直想落泪，想哭。忽然，这时候车门开处，又进来了一位客人，挑担子的吧，推小车的吧，赶了毛驴卖酒的吧，不管，也是投宿的就好。你看他，进得店来，也是跺跺脚上的尘土，擦一把脸，擤擤鼻子，屋里来喝茶吃饭。起初你本来毫无心绪去招呼他的，只是愁得想落泪，想哭。可是后来你招呼他了：

"从那儿来呀？"

"往那儿去呀？"

你问他贵姓，他也问您贵姓，不是慢慢地就熟了吗？慢慢地就谈起话来了。同是旅途的客人啊！同病是会相怜的呢。说着话，彼此都感到了几分亲挚、几分慰藉。就这样，你忘掉了你的孤单，也不很愁苦了，悄悄地你就踱到了梦中。哪怕醒来枕上仍复有着泪痕，总比你听一夜更夫的柝声，在床上泥鳅似的辗转不寐好喽。

若然是他乡遇故知呢？那就更该喝杯酒贺贺了。你们不会坐以待旦吗？话一夜是说不完的。高兴了紧紧握住了手，难过了涕泪阑干，或拍着肩膀彼此会心地笑笑，谁知道都说些什么话呢？夜是寂寥的，你忘了；夜是漫漫儿长的，你也忘了。你只感到兴奋，只感到袭上心来的莫名的脉脉欢喜、莫名的阵阵酸辛。

这又是一种夜谈。

要是，外面风声一刻紧一刻，处处暗探包围得水泄不通，一帮革命党人，却还兀自在一间小小的顶楼上，或一所闷气的地下室里，燃一支细烛，光微弱得呼吸都嘘得灭，在会谈些什么，理论些什么呢？切切喳喳的说话声，怕全凭了眼睛去听才懂。可是人并不慌张，倒是镇定锁住了每颗热烈的心的。用眼里灼灼的光芒互相喜悦地对看着，仿佛在期待着一个人，在等着一道极严重的命令似的。好久好久，正疑惑着：

"怎么还不来？"

"该不会有差错吧？"

忽然，不敢相信地听着轻轻敲了三下门，望过去，从门缝里挤进来的是一个破布蓝衫的青年。正是他，清瘦的身躯，犀利的眼光，紧闭的嘴唇，像钳着铁一般的意志似的。大家下意识地肃穆地立了起来，欢迎他；又下意识地肃穆地坐了下去，听他说话。

先是女孩子样的，大方而熳烂的笑，给每个矜持的灵魂投下一副定惊的药剂，接着那低微而清晰流畅的声调响起来，就像新出山的泉水那样叮咚有致。说陷阱就像说一个舞女的爱；说牢狱就像讲一部古书；说到生活，说它应当像雨天的雷电，有点响声，也有点光亮，哪怕就算一闪即过的短促呢，也好。说死是另一种梦的开头，不必希冀也不必怕，那是与生活无关的。说奸细的愚蠢，说暴动的盛事，也说那将来的万众腾欢的日子。一没留神，你看，各个人都从内心里透出一种没遮拦的欢笑了，满脸上都罩上那含羞似的红光了。振奋了，激励着，人人都像一粒炸弹似的，饱藏着了一种不可遏抑的力。

这也是一种夜谈，听这种夜谈是不会打盹的。

夜谈是有味的。除夕大年夜，一家老小，烧大盆火，同话祖宗遗事；零乱的爆竹声中，那夜谈是弥漫着天伦之乐的。两个看坡的老人，地头上禾稼丛里，领一条狗，曳一杆猎枪，在夜色凄其的时候，吸烟说杂话，听禾苗唰唰地长，那夜谈是有田野风的。几个青年人捧了一位蔼然可亲的老先生，向他质疑问难，说《诗经》里的郑风，讲希腊神话，娓娓动听的那博雅谈吐，是充满着书香的。偶语弃市，眉眼便代替了唇舌；楚囚对泣，眼泪说一腔抑郁。"开琼宴以坐花，飞羽觞而醉月"，管它闲情还是逸趣呢，夜谈总是可爱的。

不信，你来，大大的一壶白开，小小的一坛醇酒，若干份上海小报，烤白薯，赛梨萝卜，几卷书；替你约两三个知心朋友，在花香的春夜也好，雷电风雨的夏夜也好，萧萧风唧唧虫鸣的秋夜也好，深冬大雪夜也好；月白如水的时候，一夕数惊的时候，别后重逢，都随你；请你谈，作彻夜的谈。那么，联床西窗烛下，该是你睡不着觉的时候了吧？

喂，伙家，就请移驾夜谈如何？

火车，前进！

从宿舍到编辑室，又从编辑室到宿舍，"两点一线"的生活实在应当改变改变了。闭门造车，出门未必合辙；何况闭门往往并不能造车。还是先出门看看车的样子、辙的深浅宽窄吧。

带着无限的兴奋，踏上火车。

一声火车的汽笛，会带给人一个熙熙攘攘的世界。现在熙熙攘攘的世界已经真的摆在眼前了。欢喜，畅快，心情顿时觉到了年轻。靠铁路住的小孩子，不坐火车，总也喜欢走走枕木，一步一格，看谁走得准确；或者在铁轨上赛跑，比时间长短，比跑得远近。有时隔着车站的木栅栏望着铁路工人拿着小榔头敲敲打打。小榔头小巧顺手，看着令人眼馋，可是自己并不一定知道敲敲打打是什么意思。至于火车司机，在小孩子眼里怕就都是英雄了。他们摆开一字铁牛阵，要唱歌就唱歌，要怒吼就怒吼，要跑就跑，要停就停。

其实喜欢火车的何止小孩子，大人喜欢的也很多。抗日战争时期，六七年不见火车，睡梦里有时都听见汽笛声响。偶尔夜里过敌人封锁线，往往像跟多年不见的老朋友拉手一样去摸摸铁轨。记得一九四五年冬天，长途行军，一天傍晚沿着蜿蜒的内长城下山到丰镇，远远望见了水塔、扬旗，闻到了车站特有的那种铁锈、油腻、煤灰混合的气息，一队三五十人都高兴得跳起来。那时丰镇并没有停的车辆，车站上人也很少，冷冷落落的，可是大家都有一种"他乡遇故知"的欣慰的感触。等从孔家庄到张家口，坐上自己同志驾驶的自家的火车的时候，心里就满是幸福和骄傲了。那时现役军人还不必买票，凭符号坐军用车，"铁闷子"里也觉得很舒适。站着仿佛比平常坐着还好。在车上大家互相维持秩序。有同志无意中错上了客车，列车员说："同志，你坐错啦。""这里不能坐吗？""不，这是客车，你愿意坐也可以；反正咱们革命军人靠自觉。"这样轻松的简单的两句问答，坐错车的同志就立刻笑着，红着脸到军用车去了。火车是自家的，秩序也是自家的。那样改正错误，也是一种喜悦。

隔了不到一年，我们的铁路管理虽然还不十分正规，但是已经井井有条了。那时大站设兵站，工作人员是供给制，坐火车凭护照，连吃饭都管。记得带了一批新招考的大学生，从延吉回佳木斯，走图佳线。车过牡丹江，正好中午。火车刚刚进站，在车上就听到有人招呼我们的番号的声音。跟着声音答应了，便立刻有兵站的同志把热汤热饭送到了车上。份儿饭跟人数正对，不多不少，连筷子碗都是每人一套。饭吃完，兵站的同志收拾下车，火车也正好开驶，既紧张又从容。这样的伙食供应，时间准确，计划周到，把那些青年大学生感动得到了惊奇的程度。因为那个时候，他们从十四年的日寇奴役下才回到祖国怀抱不久啊。人跟人的关系，他们从来没有感到过那样的温暖和亲切。后来他们写思想自传，每个人差不多都提到了那件事情。从那件事情上他们认识到自己真正是祖国的儿女，不努力学习，不全心全意为人民服务，就对不起祖国，就辜负祖国对自己的关怀和爱护。

那件事给我自己的印象也很深。让我进一步坚信：我们革命队伍，能掌握乡村，就一定能掌握城市；能管得好军事、政治，就一定能管得好经济；能做陆地的主人，就一定能做海洋和天空的主人。

几年来事实证明，一点儿也不差，倒是现实比预想中的情况更完美。就铁路管理说，现在比十年前不是已经好过十倍二十倍了吗？兵站按时往火车上给旅客送饭的事已经是接管铁路的初期带些原始意味的措施了。现在吃饭有餐车，睡觉有卧铺，带孩子有母子车，走长途有直达车。怕旅客寂寞，有广播的文化娱乐节目，出站进站奏音乐，每个旅客都感到是在被欢送欢迎。一站一站的风土景物，播音员有详细的介绍，有的介绍简直像朗读优美的散文或诗篇。有时也有通俗的科学讲座、时事述评，列车就兼做学校和文化宫了。不要说软席车，卧具、茶几、台灯，设备得像舒适的家庭那样舒适；就是硬席车，也每人有座位，低头可以看书，靠背可以睡觉，邻座相对可以促膝谈心。

坐火车简直是一种赏心乐事。

也许有人说："坐火车有什么意思？夏天拥挤闷热，冬天空气恶浊。'在家千日好，出门一时难。'乍坐，一时新鲜，或许觉得有趣；若是一天坐它二十四小时，看你不腻才怪。"

这些话说得有道理。很久不出门的人是会比天天旅途跋涉的人更喜欢坐火车。渴者易为饮，饥者易为食嘛，什么事不是这样？可是坐火车不能拿口腹之欲来比，这是读万卷书、行万里路的事情。喜欢坐火车，正是因为它帮助我们多走路，多见多闻，丰富生活啊。

当然，论走路，骑马是好的，"风人四蹄轻"，可以跋山涉水，可以进城下乡；慢走，潇洒；疾驰，勇武。"骑马倚长桥，满楼红袖招"，说不定还有人羡慕。骑驴也好，雪天里，"扬鞭飞柳絮，敲镫落梅花"，很雅致。古时候诗人仿佛就很喜欢骑驴，山水画上常描绘他们，驴后边往往跟着书童，挑一担琴书。不过骑驴，骑马，只能一人一匹，对接触生活说，未免单调，而且"日行千里见日，夜走八百不明"的千里驹总是少有的，完成行万里路的任务不容易。

真的日行千里，驰骤如飞，那你又哪里有工夫去关心周围的事物呢？走马看花，一向是对不能深入生活的讽刺。在这一点上，坐飞机也不好。原子喷气式，差不多的距离都可以朝发夕至，先进，优越；但是眼底河山，耳边风云，瞬息即逝，若不是为了省时间，赶任务，而是为了广见闻的话，飞机的长处恰恰变成了短处，想象中沙漠里骑骆驼，昂首阔步，滴滴咚咚，或许更有风趣。

可是，每列火车不都是游览车，恰当地说，应当很少很少是游览车，每个坐车的人，不都是职业旅行家，除了徐霞客，有没有一种专以旅行为职业的人也值得怀疑。我们的火车，是社会主义建设的先行，更多更重的任务是货物运输。我们的旅客，昼夜奔忙，也绝大多数是为了工作：开会，参观，调查研究，劳动调转。正是从这些方面着想：运输货物，动辄是万吨十万吨；乘载旅客，常常是千人万人，所以人们更喜欢火车。火车，在陆路它是集中了一切交通工具的优点的。它是地上的御风疾驰的巨龙。

一列火车是一个社会。在火车上我们可以遇到各种各样的人物。形容面貌，言语行动，思想感情，在那些人物身上会是各有特点的。一个美好的形象，也许只凭一面就在记忆里长久不忘。一段精辟的谈话，也许会使两个陌生的人忽然发现是彼此久仰的朋友。旅客们尊敬老人，帮助妇孺，种种互助友爱或舍己为人的高尚行为，会产生巨大的社会教育的影响。七八岁的小孩子，靠火车辗转护送，能够一个人从偏远的家乡找到他离家千里的父亲。孤单的孕妇，能够靠列车员的护理平平安安地生下婴儿。这些事不是已经成了众所周知的美谈吗？歌唱家在火车上举行演唱会，医生在火车上施行手术，劳动模范在火车上交流生产经验，火车上的生活该是多么丰富啊。

车里是热闹的人群，车外是广阔的天地。

白天隔着车窗望去，有时是绵延的山岭，有时是静静的河流，有时是望不到边的田野稼禾。桥梁，道路，树木，村落，赶来迎你，又依依送你，那真是气象万千，令人应接不暇。最可爱的当然是人，在田地里劳动的，或者播种，或者锄草，或者收割，当火车掠过的时候，他们有的停下来擦把汗望望你，也有时并不在意，继续劳作。若是放牛的，或者在溪边玩水的小孩子，他们便喜欢笑着，跑着，向你大声呼唤，远远招手。一切都是生气勃勃的。这一切会使人唤起一种渴望劳动、渴望工作的热情。

一个车站是一个城镇。不管那个车站你到过没有到过，都会给你以亲切熟悉的感觉。常常是这样，车还没进站，便远远望见站台上摆满了土货特产。各色的应时瓜果，大量的糕点食品，闪烁着鲜明的地方色彩，散发着浓郁的城市或乡村的芬芳。旅客们谁不愿意趁几分钟的停车时间下车凑凑热闹呢？喜欢买东西的人，出于好奇或者偏爱，常是梨啊、枣啊、酥糖啊、麻饼啊，这一站买了，下一站又买。就算是荒野小站，也有它自己的繁华。几道青葱的柏树墙，几畦鲜艳的凤仙花，几堆麻袋或席包装着的货物，就凑成一番热闹。别看站小，是血管都通心脏，就凭铁路、电报和电话，它跟整个巨大的世界衔接着。火车走过的时候，那里一样打出绿旗、红旗，指挥列车的行、止。

夜里坐火车，也有夜里的好处。虽然窗外除了天上的星星、月亮，或者远远偶尔碰到的点点灯火，一般东西往往是隐约模糊的。但是，如果你醒着，你对夜会有深一层的体会。不但能从时间体会出夜长漫漫，能从空间体会出夜深无边，而且从列车的疾驰，能体会出就是在夜里一切也是活生生的。看人的睡态，听人的鼾声，你会想到不会休息就不会劳动，这里正好品味生活的一张一弛。到站的时候，无妨也到站台上站一会儿，看车上车下，卸货装货的匆忙，你会感到生活处处都是继续的。正是"逝者如斯夫，不舍昼夜"。早晨看日出，看农村或城市醒来，你又会进一步感到：生活是美好的、欢乐的。

下雨，下雪，火车照常行驶。这时最能感到坐火车的幸福。看急雨打窗，长长的水溜像横挂的珠帘。听雪霰轻拂，窸窣的声音像窃窃私语："旅客们，平安地前进吧。"当然，想到那冒着风雪行进的人们，假定说还在战斗，坐车的人也会感到幸福得过分。

能够移动的住宅，应该是一种理想的住宅吧？现在中国的火车，我看已经够得上移动的住宅的标准了，整洁，方便，无往不适。定居在火车上，在祖国境内工作可以随时调动，人可以四海为家。

一九五六年九月七日夜，汉口

记乱离

告诉你们哟，离散了的学生们！在一个月前还被你们偷偷地呼着"青年校长"的人，现在是穿了一身"二尺半"，披了一条武装皮带，变成一个不折不扣的军人了。在每个人不与死搏斗便不能活下去的这伟大的时代，生活的变幻真像白云苍狗，放下书本，扛起枪杆，正如瞬眼前的高楼大厦瞬眼后沦为断井颓垣，是莫可预测的。须知这一九三七年日寇发动的侵华战争，是我们神明华胄五千年来空前的浩劫，凡是中华子女谁都有份，谁都无可逃脱的。

我们，四百人，为了救亡，将我们的学校，那和平日子弦歌的乐土，忍着痛白白地抛弃了。总还记得吧，出发的那天早晨，大家冒了大雨后仲冬的寒冽，鸡叫就起来，不点亮灯，彼此摸索着收拾行囊，四百人竟也听不到一点儿什么杂乱的声息。沉闷是那时的悲歌啊！一声集合的号音，将我们赶到广阔的操场去，记得微茫的星光下，黑黝黝整齐的队伍里发出了多少悲壮的嘘唏。我们不是也点了灯去礼堂吗？举行休业式，顺便也互相话别。记得静默后大家不约而同地呼"中华民族万岁！"那响彻霄汉的声音，真足振顽起懦，吓破敌人的狗胆。说什么话的时候，告诉你们不要难过，偏偏几个女孩子要嘤嘤地哭出声来，弄得大家都禁不住落了眼泪。仿佛已别离了多久，各人心里都充满了拨不开的想念与委屈似的。后来我们终于出发了，校门前大家郑重地举手敬礼，落在"枪在我们的肩膀"

那歌声后边的，是那么整齐的房舍、精致的校园、满藏的图书仪器，同千万种回忆与怀念。那时，你们每个人心里都在问着吧："什么时候回来呢？""什么时候大家再在此相见呢？"也说"亲爱的学校！亲爱的先生同学"吧？路慢慢地远，心也慢慢地沉重起来。不是？频频回首，"挥手泪沾襟"了。

离开学校，命令是集中训练，从东海边岸以产梨著称的莱阳到临沂去，旱路是七百里遥远，代步的虽也有脚踏车，但大半却只能步行。记得晓行夜宿，风霜苦辛，凡过即墨、高密、诸城、莒县，整整走了九天。脚上磨起泡来的，嘴上生起疮来的，比比皆是。可是你们都不以为苦，觉得同前方枪林弹雨中浴血抗战的将士比，算不了什么。看看你们风尘满面、走路一瘸一拐的样子，偏偏又笑着说那种"不累不累"的大话，真觉怪可怜，但又是多么喜欢人的青年的心啊！只要同你们在一起，仿佛什么疲劳都可云消雾散，什么懒散人都该奋发鼓舞似的。

可是临沂的集中，使我们失望了。只知逃退的那时的山东长官，不给训练的经费，没有训练的计划，不派负责的人员，像烈火上浇了冷水一样，人们的心全灰了。那时候，前面是火急地需要工作，周遭却布满了那样多牵扯的绳索；你们抑制不住内心的热情、胸际的郁闷，你们继续地前进了。有的去西安，预备参加八路军，那曾用游击战获得辉煌胜利的队伍。有的去洛阳、开封，准备学驾驶飞机。也有的到徐州加入了某战区的军队。记得你们走的时候，与你们分别作过彻夜的长谈。把各种将来会遇到的困难详细说给你们听。问你们，钱够不够？你们说："不要紧，我们有双脚跑路，有两手做工，只要劳动就有饭吃；万不得已，流落为乞丐也是情愿的。"问你们可会想家？你们说："国还顾不了，要家干什么！"那回答里流露出的铁一样的意志，问话的人倒觉得惭愧了。告诉你们，到外边自已就是自己，身体要格外注意，该吃的时候好好地吃，该睡的时候好好地睡，乍寒乍暖是没人关心你的。旅伴就是弟兄，团体就是家。记得那时你们一壁笑着答应着，一壁眼里却含满了泪水。又后悔在那离乱的时候说那些触人伤感的无聊话了。实在人们相聚太难，相别又是那样的不容易啊！想起了将你们一个个从慈爱的父母手中领出来，却随便地将你们撒手遣散，内心着实负疚太深。若不是一颗钤记的责任拴着我，我真愿意带你们走，管它是天涯还是地角！总觉大家在一起，即便互相关照是小事，至少可免掉悬悬之苦啊！常常想：你们虽都已将近成年，总还是些孩子；没自己跑过三百里以上的远路，没有半年离开过亲友家乡，能做些什么呢？真怕你们带的那一点点钱用尽了，前路又渺渺茫茫的时候，会遭受什么委屈和苦困。

你们走后，在临沂有几天我像失群的老雁，又像一个勤苦的老农离开了他的锄头和田园，流不出眼泪，也唱不出歌。孤寂、烦闷、无聊，使我犯了日常劝止你们的那些坏习惯：喝了两次酒，也吸了够多的纸烟。后来，你们远远从西安寄信来了，我才稍稍高兴了一点。那长长的信里，说你们怎样乘免费火车，又怎样步行；翻山越岭，走过多少崎岖的路；早起晚睡，吃过多少异乡的苦头。怎样遇着敌人的飞机，躲飞机将护身的借读证书都失掉了。又怎样宿野店，逛古迹，遇散兵……读你们的信，一会喜悦，一会兴奋，一会悲酸，心绪真复杂得无可言说。当时曾按你们告诉的通讯处写过回信给你们，不知收到没有？翘首云天，令人悬念不止！

告诉你们啊！现在我也同你们一样，远离乡井随军工作了。家乡正因了敌人的节节进逼，同"青天"军队的望风逃窜，受着非常的摧残。敌人铁蹄下的我们的父母兄妹现在怎样的情形，真不敢想。每每读到报纸上敌人奸杀焚掠那种种兽行的记载的时候，辄令人心痛如割。且让我们将愤恨记在心里，变成一种与日俱增的诅咒，让复仇的手臂，握紧了锋利的刀枪，对准敌人底头颅厮杀吧！

入伍来虽不过二十多天，经历却颇多新奇、紧张，值得记忆的事。将来有机会，愿意一件件告诉你们。写这些话的时候，我正在淮河舟中，带了一帮像你们样的男女新兵向寿州进发。昨天在正阳关，听旅馆隔壁一个剧团排演《放下你的鞭子！》，唱各种救亡歌曲，令我特别想起了你们。因为他们每一句剧词、每一曲歌声，都是你们曾经演过、唱过的。"先生，你不知道一个人挨饿的时候那种疯也似的心情啊！"香姑娘这句话该还熟悉吧，可是我们扮香姑娘的漱芳同学哪里去了呢？"起来，不愿做奴隶的人们！"《义勇军进行曲》的声调，也是沿途处处听得到的，然而我们的救亡歌咏团却风离云散了。想来真不胜浩叹！啊，人生是什么奇怪的东西呀！它给你快乐的时候，同时也给你预备下够多的痛苦。今天说着笑着的人们，明天也许就相对哀哭。要么就将心肠变硬些，不然，在这吃人的世界，这险恶的旅途，微微脆弱一点的人是会发疯的！

你们身体都很好吧？都在参加着什么工作？一起出发的人也还都在一块吗？想家来着？疲劳的夜里可有故人的梦境？——寿州城北八公山，是晋谢玄击败苻坚的地方，当年风声鹤唳，草木皆兵，苻坚败得的确够狼狈。我们在这里，差不多天天有敌机空袭，危险是很危险的，可是我们也有着下棋等捷报的谢将军的从容与镇静啊！单等那一天，同敌人来一次淝水之战，让去苻坚还差千万级的侵略者片甲不回！

一九三七年底

范明枢先生

像浴着晚秋的阳光，怀念范明枢先生，我心里浮起的是无限的温暖情味。

七十六岁了，人们称他为"七六抗战老人"。人，的确也该相当老了吧。记得二十年前还是"五四"时代在曲阜师范学校当校长的时候，他的头发就已经斑白了，也蓄了短短的髭须。在作为一个学生的我的记忆里，他走路是微微耸着左肩，脚起脚落，身子也跟着轻轻摆动的。干净而稍稍陈旧的缎马褂，袖子很长很长。走路极缓慢，低着的头总仿佛时时在沉思。

那时候，学校的校长不带课，星期一虽有"朝会"（还不叫"纪念周"），他也很少给我们讲话。只有当什么"名人"（曲阜是圣贤桑梓之地，年年总有人去游览古迹）到学校参观的时候，他才出来介绍给大家讲演。每次讲的人讲完了，他上台做结论，记得无论讲演的人是康有为、梁启超……他的结论总是那样几句："……你们要好好地记住，不要只当一句话听！……"

他每天晚上查自习，总到得很晚很晚；在大家正以为"快下自习了，校长怕不来了吧？"刚要出去小便的时候，却往往在门口碰见的就是他。他很少说你，而喜欢跟到你的位子上看看你；这一看，会教人感到说不出的惭愧。他查自习，惯例走了又像忘记了什么再突然回来。所以同学们要等他二次打了回头才敢说话吵闹。若是他一出门就真的走了，那么自习室就会一直紧张到摇睡铃。

在学校他老像很悠闲，有点老子无为而治的风度。经常忙的是领导同学们种菜，莳花，栽树。他亲自掘土，亲自浇水。造成了风气，学校里便处处是花畦、菜圃、成行的树木了。学校东北角二亩大的污水池，是他计划着在旁边掘了井，种了藕，养起鱼来的。水边的芦苇，四周的垂柳，再加上砖石筑就的两列矮墙，造成了清幽的园圃风光；同学们每天傍晚在那里游散谈心，常常忽略了铃声的催促，忘记了学习的疲惫，直到池边磨电机的马达响了，树丛里的灯光和天上的明月展开着优美的夜景。

先生态度是和蔼的，学生群里也从没见他发过脾气，摆过架子。

"杨先生教得不好是呗？我已经把他辞退了。我说：'听说先生另有高就，那么下学期就请便吧。这地方实在太偏僻！'他还挽着袖子要同我打架呢。你看这样辞退他合适吗？"

学期终了，他会随便抓住一个同学就这样谈起来。

可是他也有他的固执。固执处令人想到方孝孺，只要主意拿定了，就一定要坚持到底。

他主张学孟子"养吾浩然之气"，主张做"富贵不能淫，贫贱不能移，威武不能屈"的大丈夫。事事胸有成竹，却很少形于颜色，透露锋芒。不沽名，不钓誉，心安就好，人言无足轻重……他是这样的一个人。

日子到了张宗昌当督办，山东人的头上就没有太阳了。那时先生不愿意在那位状元厅长（王寿彭）底下教学生读经，于是就辞了师范学校的职务，回家去种田。他是常常喜欢说："吾不如老农"那样的话的。一位继任校长，听说只焚烧先生任内图书馆藏的禁书，就烧开了澡堂里两锅洗澡水。也算"漪欤盛哉"吧。这继任校长不是别人，就是到一九三八年后马良汉奸政府底下当教育厅厅长的郝某。

一九三一年，先生在济南乡村师范当图书馆管理员。那是一月只四十块钱的差事，势利一点看，以他的身份是不值一干的；然而他干了，并且干得很有兴致。在那年双十节学校举行的庆祝大会上，他登台讲话，摘了帽子的头，那时几乎完全秃了，他却精神矍铄地提高了嗓音说：

"……民国这个招牌已挂了二十年了，我们没看到什么民主，却一下失去了这样七百万平方里的大好河山。……我不老，你们更年轻，我们应当大家努力！"

那时正是"九一八"后，一席话曾给了当时的学生很大兴奋、很多激励，有的人都感动得哭了。从那以后，人家就称他"老青年"。他老，那时已六十八岁了；他年轻，心像二十多岁的人那样活泼有生气。他常常从那些寒苦的学生身上，偷偷地学习些新的东西；学生喜欢看的书，他也跟着喜欢看。起初还疑惑着："这些书有什么好处呢？"而他硬生生地钻研下去，慢慢地像豁然贯通了似的，在那些社会科学书里他发现了从来没听说过的真理，觉得津津有味了。学生开给他书目，他就照着购买，因此那学校所藏的图书成了进步青年们稀有的财富。四年后，我有机会到那个学校教书，还以一部分那些书籍（大部分被查抄了）继续了那学校的传统教育（那传统是优良的；凡受过济南乡村师范教育的学生，在抗战的洪流里大部分都成了巍然的柱石）。但，也是那些书籍，触着了反动势力的痛处，照到了"韩青天"政府的黑影，于是先生被捕了。

听说是三月梢头，一个春天的夜里，下弦月照着白鹤庄的校舍，照着校外的小河和河边的新柳。乡村的月夜是很幽美的。忽然村里掀起了狗咬，咬得很厉害。接着是嘭嘭的敲门声，咯咯啰啰的说话声。先生的老朋友鞠思敏，那时的乡师校长，被叫了起来，全校的人也大半都被惊醒了；但被莫名的恐怖笼罩着，除了几句简单的对话，是怕人的寂静：

"图书馆住的是谁？"

"是一位快七十岁的老先生。"

"就是他，老先生才更厉害。"

春天夜里还是很凉的，先生没穿好衣服就被绑了。连几个学生一起，集合在河边的操场上。他们当夜被运进了城里，押进了监狱。

"你不知道那些是赤化的书吗？"

"不知道什么赤化，我看那些书说得很有道理，就愈看愈想看了。"

审判的时候，有过这样的对话。

在狱里有人去看他，他说很舒服，坐它十年八年不要紧。反正"人生七十古来稀"，也是该死的时候了。

他劝学生们应该学史可法，而自比左光斗。那故事他是常常讲给人听的。说明朝万历年间，进士左光斗，因为排斥宦官，被魏忠贤借故下狱。他的学生史可法扮作拾粪人去看他，扶着铁栏杆只是啼哭。左光斗因为酷刑煎熬，面额焦烂得已不能辨认了；屈膝倚墙坐在地上，左膝以下皮肉都已脱落，眼睛也血肉模糊睁不开来，等他听见呜咽声音，用手指拨开眼眦，认清是史可法的时候，就很生气地摸起地上刑械来打史可法，严责他："你看国家到了什么时候，你不知自励，为国尽忠，在这里哭些什么？哭死算得了什么英雄！不要管我，我也不稀罕你的探望；你能赤心保国，我就死可瞑目了……"就这一番话，才造成了史可法后来抵抗清兵、督师扬州的壮烈史迹。

结束那故事，先生往往说："那时还只左光斗下狱呵，可是现在连史可法也被捕了。"

先生的学生是很多的，在山东也有些说话"有力"的人；大家联名保他出来，那已是他受了半年铁窗生活的时候了。出狱那天，他对接他的人说："保我干什么呢？狱里生活我还没过够；这是大学，应该让我多学学，也好知道我到底犯了些什么罪过！……"

是的，他认为坐狱并不是耻辱，是光荣。他曾训诫他的儿子说："看你多没出息，你连被捕一次也没有，你今辈子会有什么成就呢！"那是他剩下的唯一的一个儿子。三个大儿都是二十岁左右正当年富力强的时候死了的。一个学军事，一个学艺术，一个从事教育。都是他心爱的，然而都早死了。先生晚年，家境零落得很，三房寡妇儿媳，一个孙子、一个孙女而外，再就是那唯一的儿子了。孙子很聪明，很有志向。七岁的时候，看见人家开运动会跑长距离，他自己也瞒着祖父绕了操场跑圈子。往往累得满头大汗，见了人还偷偷地告诉："不要给爷爷说。"

一九三六年春天，我和济南乡村师范的学生去爬泰山，曾在一个料峭的清晨去访问就住在泰山脚下的先生的家。没想到七点去叩门还是迟了。他的那个小孙女伶俐地答着我的问话："爷爷六点钟就上山了。要找他就上山吧。"听了很令人惆怅，有"只在此山中，云深不知处"的感触。其实那时先生过的还不是什么隐逸生活，倒是一天跑到晚，很忙碌的。那时他正替冯焕章先生在山上办了十多处小学，他是每天都要山上山下巡视一趟的。

泰山归来的次日，先生的信就来了，是一纸明信片，上边谆谆地写着：

年来山居僻处，日与松石为伍，都市风物，已成故实；若有青年朋友，相与话中外消息，岂非一大快事？不意与贤契竟道中相左，噫，何缘之悭耶！……吾近于忙里讨生活，颇感乐趣。人世魑魅，已不复置意……

济南乡师吾旧游地也，荷塘稻田，菜圃茅屋，至今犹栩栩脑际。海棠院东南树下，为吾被捕处，贤契应亲往抚慰，问海棠树别来无恙不？办公室前之芍药牡丹，及杂花数种，皆吾自汝母校所亲手移植，今亦胃着花未？花畦甬路，亦吾手砌，贤契务善为修葺，勿使荒芜……

那时我们已经八年不见了。读着那信，我有些鼻酸。不知是难过，还是喜欢。盖世事沧桑，正有无限的感慨啊！

一九三七年，卢沟桥事变的那年，也是春天，我因事路过泰安，又上山拜望先生一次。那时冯焕章已到南京去了，山上留下小学、烈士祠、苗圃果园数处，就都由先生经理主持。访谒先生是上崖下坡赶了几处小学才碰到的。远远地望见就招手，多少年没见，仿佛还认识。"××吗？"叫着我当学生时的名字，只两个字就把我的眼泪唤出来了。不是悲哀，是喜悦。看着他精神的焕发、步履的稳健，声音的馨欬爽利、谈笑的洪亮开阔，握手的时候，我说："老师愈老愈年轻了，比十五年前还健康！"谁能相信那时是七十三岁高龄的老人呢？作为耄耋的表征的只有那后脑勺上雪也似的白发，胡须短胜胜的，剪得修齐修齐。一袭灰布便装罩着像一个四十岁中年人的身子。

那时我正在海边一个学校里同另一群青年人做伴，平日只怕有暮气，只怕意识精神落在了青年人的后边；及至见到了先生，才晓得自己还是个孩子，怕什么呢？听了他老人家临别时嘱咐的话："人生是有味道的，要好好地干啊！……"十五里下山的坎坷路，我完全是跳着走的。

抗战第四年开头了。我又已经四年不见先生了。抗战期中先生是一直留在家乡的。在敌人踏入了山东、陷落了泰安的时候，我曾担心着先生的安全，挂虑着先生的健康；等看到远从故乡来的电讯，详细地描写着"七六抗战老人"当选为山东临时参议会议长的时候，我才知道我的担心和挂虑是多余的！听说在游击部队里他穿着土布军装完全像一名老兵。部队出发作战，他也一定要跟着。

"接火了，老先生还是回去吧。"

"不，让我来观战。"

枪声密了。机关枪咯咯咯叫着，战斗激烈起来的时候，别人劝他："老先生请回吧，战斗很快就要结束了。"

"不，让我看着胜利的到来！"

就这样一种镇静的态度，一种从容自若的谈吐，像小孩子跟前的慈母一样，给了战士们以莫大的感染与鼓励。往往有他在跟前，便可以更快地解决战斗，更快地获得胜利。须知在生死场上，是七十六岁的白发老人啊！

战地里联络，鼓动，他是一个不折不扣的老百姓。他冲着敌人的封锁线走来走去，唤起了群众，团结了军队，人人喊他"老救星"。有时平稳的地方他和年轻人走在一起，人们怕他累着要替他雇一辆车子，他会很生气地说："你们想干什么？想把我挤出青年人的队伍吗？"

别人正有些歉意的当儿，半天他又追加一句："这简直对我是一种侮辱！"

他爱青年，不是把青年只看作学生，而几乎是把青年看作先生。抗战初期，每次和年轻人一起开会，他都看成是一种学习，袖珍记事册里记着的就常是年轻人的意见。人们见他听人发言，那样细心，仿佛一个字都不舍得漏掉似的。有时一句话没听清楚，他往往在散会的时候，紧赶上那发言的人，谦逊地问道："你刚才说的什么？

能不能再讲一遍我听听？……"

为这一切，我深深地怀念着这"老当益壮"的人民的议长——范明枢先生。

一九四〇年九月，杨家岭

附记

写了上边这篇文章之后，战斗的日子过了七年。这期间我是常常想念起先生的。

前年，对日抗战胜利的时候，我曾想奔回山东故乡。回故乡，一定的工作任务而外，探望探望老同志老战友的想法是有的，而同志战友中间，范先生在个人的心臆里占着峥嵘的地位。

也是前年，十一月十五日，从山东拍来的电讯里，告诉说八十二岁的范老议长参加了共产党。那消息曾强烈地激励过我，使我兴奋。认为先生获得了光荣的共产党员的称号是值得庆祝的，而伟大的党增加这样富有斗争阅历的"老青年"为同志也是一件喜事。那不是别的，像从世界消息当中看到大画家皮卡索、大科学家居里博士和郎之万教授参加法国共产党，大文豪德莱塞参加美国共产党，一代文化战士邹韬奋在遗嘱中要求加入中国共产党一样，那是一种响亮的号召。它带给人们以鼓舞、鞭策和希望：共产党必兴！人民的翻身事业必胜！那时，我正随了大队行军在途上，向胜利迈进，因此增加了百倍千倍的力量。

今天，在佳木斯，十月十五日的《东北日报》以划了黑线的标题告诉说范明枢同志病故了。我无言。心里浮起的是对先生愈益深沉的怀念！这怀念将是永远的了。

先生弥留时该没有什么憾恨吧，以一个不朽的共产党员死去，遗志有忠实的同志继承；以一个人民的议长死去，事业有广大的群众分担。活着，是八十四年的奋斗史，算是长寿的；死去，为千百万人所怀想，等于地久天长活在人间。看来没有什么憾恨了。

但是，我知道，先生是有不满足的地方的，那就是先生还没有亲眼看到卖国贼蒋介石的死亡（他早就该死亡了啊！），还没有及身完成人民的彻底解放（彻底解放已为期不远了啊！）。然而，就是这，先生也是可以放心的。人民解放战争正在炽烈开展，烈火燎原，秋风扫叶，捷报处处，正如雪片纷飞，人民的凯歌已经响了，还要继续更响。

为此，我纪念先生——不，让我称亲爱的老同志吧——纪念文字是末节，我要求实际行动：在斗争的波澜里努力航行，以消灭蒋家匪帮，争取人民胜利为誓。做一个道地的老师的学生。

一九四七年十一月十一日

书

　　"神农的梦呓，只是咂咂嘴的声音。"这是日本什么人的一首俳句吧。玩味起来是很有趣的。为什么梦呓只简单到咂咂嘴呢？原来神农是尝百草的，天天在山野里采撷着，品味着，慢慢成了习惯了。而且那时候怕除了适当的手势表情而外，也还没有确确实实能传达意思情感的语言啊。

　　语言还不一定有，文字就更是靠后的事了。所以远古的人曾必须结绳记事。据说那方法是大事记大结，小事记小结的。一串一串结满了疙瘩的绳子就是一部一部小小的历史了。但这种历史自己看或许是有用的，像搔到伤疤就引起一段痛苦的回忆一样；交给别人呢，就要费些思量与揣测。譬如说，有古物发掘家，从深深的地层里掘到了一段绳头的化石，麻缕的纤维还分明可见呢，就算考古的学识极渊博，而又广征博引研究得极仔细吧，但也只能说这是十万年前或百万年前的遗物，而不能知道那绳结记载的是一次渔猎还是一个恋爱故事。因此，"洛出图"才成了周文王时候的神迹，而伏羲画八卦，而仓颉造字，才成了值得万古讴歌的大事。原因是哪怕无论怎么简单呢，它总算给了人以记录思想以传达感情的最初的符号啊！

　　拿这作根据，譬如说才有了史籀的大篆（姑且只说中国；书的故事，那是有专书的），人们把字用刀刻在竹版上，用漆涂在木片上，用皮子穿起来，于是有了像书一类的东西。孔子读《易》，韦编三绝，从字意解，那《易经》怕就是用皮子穿着木板的玩意。一部《易经》堆起来不会有小小一窑洞？不容易啊！不然为什么古人著书总是那么寥寥数语，老子全部学说，不过《道德经》五千言（字也）；而现在的人却能"下笔千言，离题万里"地"夸夸其谈"呢？那是千千万万古人卜昼卜夜的劳绩，苦心焦虑的发明所积累的成果。像蒙恬造笔啊、蔡伦造纸啊，像印刷术、活字版的发明啊，都是了不起的。拿来糊糊窗户的一点纸，随便谈谈说说的一句话，都还不知道费过多少人的心血和劳动才成功的呢，别的就不用说了。

有了书，才将古今距离的时间拉近了。"东门有人，其颡似尧，其项类皋陶，其肩类子产，然自要（腰）以下不及禹三寸，累累若丧家之狗。"从这几句话我们看见了两千四百一十九年前一个名叫孔丘的老头子的形象和疲惫倒霉的样子（读《孔子世家》）。有了书，才将地域的远近缩短了。在黄土高原上我们能望见驶向冰岛的渔船和大海里汹涌的波涛（读《冰岛渔夫》）。读吴承恩的《西游记》，一个最现实的人也能像孙猴子可以入地、腾空。书，什么不给你呢？足不出户，而卧游千山万水；素不相识，可以促膝谈心。给城市的人以乡村的风光，给乡村的人以城市的豪华。年老的无妨读血气刚盛的人的冒险故事，年轻的也可以学饱经世故的长者的经验。一代文豪高尔基说："请爱好书本吧，它将使你的生活容易化，它将友爱地帮助你了解感情、思想、事变的各方面和复杂的混合。它将教你尊敬别人和你自己。它将带着对于世界和人类的爱的感情，给予智慧和心灵以羽翼。"是啊，"日出而作，日入而息"，就算鸡犬之声相闻，生活过得相当舒适吧，但生了，死了，像春夏来在风雨里摇曳而一到秋冬就枯黄了的花草，有什么区别呢？最痛苦是有痛苦有快乐说不出来的人。最痛苦是不能了解和不会了解别人的痛苦的人。有一个"笑话"，说一个穷读书人娶了一个乡下姑娘做老婆，读书人总常常嫌他老婆不说话，有一天夜里，他问她："你怎么老不说话？""说什么啊，不知道。"老婆忸怩地回答了。"现在你心里想什么就说什么好了。"读书人给她一种启示。她想了半天说："我饿得慌！"这个"笑话"你听了如何？稍一涉想，你会于笑声里落下泪来的哩！因此，我读了《一个不识字的女人的故事》很受感动。

书籍是会提高人的：从野蛮到文明，从庸俗到崇高。高尔基又曾这样说过："每一本书都是一个小小的梯子，我向这上面爬着，从兽类到人类，走到更好的理想的境地，到那种生活的憧憬的路上来了。"真是这样，读书愈多，应当愈富于睿智，愈具有眼光。因为那样可以经验得多，见闻得广啊！小气的人该会大方一点，狭隘的人该会开旷一些。"学问就是力量！"有人这样强调说过。自然，也还是有俗不可耐的读书人的，正像有博雅的文盲一样。但愿是博雅的人再多读一些好书呢，我想他会像纯钢之出于生铁，更近乎炉火纯青了。因而有了黄庭坚"三日不读书，便觉语言无味，面目可憎"；有了梁高祖"三日不读谢玄晖诗，便觉口臭"那样的话。

真有读书有癖的人哩。法朗士就说过，他自己是一个图书馆的老鼠。他的最大的幸福是在一本又一本地吞噬过许多书籍之后，发现吐着一点遥远的世纪的芳香的奇妙的东西，发现任何人不曾注意到的东西（据卢那卡尔斯基：《论法朗士》）。中国古时孔丘"发愤忘食"以致"乐以忘忧，不知老之将至"。董仲舒"三年不窥园"，怕就都是读书读上瘾来的人。"吾儿，久不见若影，何竟日默默在此，大类女郎也。"这是归有光读书，项脊轩他祖母对他说的话。为了这种情节，我就喜欢起老老实实读书的人来了——车胤把萤火虫装在纱袋里照着读书，孙康在寒天里用雪光映着读书，还有家里寒苦点不起灯把邻家的墙壁凿孔偷光的。"如负薪，如挂角"，这些刻苦嗜读的故事被人不知几千次几万次地征引过，但好好地思索一下那情景，还是可以发人深省的。

从俄国诗人舍甫琴科或高尔基的传记里，我们知道有农奴社会家童读书而挨鞭挞的事；但从虽然有鞭挞等待着，却还是在夜深人静的时候，在一天做了十四小时的苦工之后，偷偷地在僻静的柴仓里点起豆大的小灯读起书来的那样的家童，被梦也似的足迹牵引着，被看不见的人物慰藉着，你看得见那苦孩子泪影中的微笑吗？这精神将是一切成功的发端。所以在革命队伍里，看见一个老伙夫皱了眉头学画阿拉伯字码，或一个十一岁的小鬼在朗朗上口读《边区群众报》的时候，便每每令人起一番敬意起一番鼓励。身上看来穷苦，灵魂却是富的。这比之有书读，能读书而不认真读的人是有很大差别的。

读书吧，从书里找认识世界、改造世界的东西吧……富有真理的书是万用的钥匙，什么幸福的门用它都可以打开。

一九四一年十月七日晚，蓝家坪

"火焰山"上种树

靖边草山梁的山是干山，没有清泉，没有溪流，老百姓称它"火焰山"。山上掏四十丈下去，不但掏不出水来，反而掏出来远年的锅灶炉烬，滩底打几十丈深也往往还是干巴巴的。老百姓吃水，要凭水窖，储存夏秋两季落的雨水。女子问婆家，先不问牛羊地亩，先要问存几窖水。没有水窖别的不再谈了。因为缺水，所以那一带的树木是稀少的。一年到头，若是没有庄稼在地里，满山遍野便常是光秃秃的，显得干枯没有生气。

可是，沙漠里有绿洲，海洋里有岛，火焰山上自从来了白云瑞竟也有了黑洞洞的一抹树林。那抹树林盖满了一道山沟、两架山峁。柳树、榆树、青杨、白杨、水桐、椿树、乌柳、沙柳、家柳、毛乌柳、桃、杏、月牙、柠条、马茹、龙柏梢（丁香），像样的大树三千五百一十五株；成堆成行的灌木丛，沟沟洼洼，圪圪峁峁，散布的都是。这一抹丛林里是白云瑞的村子东渠。这个村子十二户人家，一道渠，拖了一里路长，但在村外是看不见的。因为住家的窑洞都被茂密的树木遮蔽了。过路人带着羡慕和惊讶说："这村子真好哇。"不想种树也懒得种树的人见了白云瑞也搭讪着："你种活这样多树，我看你不是水命也一定是土命。"

白云瑞自己却说："我偏偏是火命。"

白云瑞不信迷信，是说啥就干啥的人。他最初在东渠种树，人家讽刺他："八百里火焰山，哪能种树？你别胡日鬼！"他不服："怎么能长庄稼呢？我不信不能长树！"他封了一斤点心就到五十里地以外的盛家畔去看崔鬼毛去了。崔鬼毛是个怪人，家里十几棵柳树，无论谁买，他贵贱不卖，白云瑞就和他好好一商量："毬，你闹去。"他却轻轻易易地答应了。白云瑞就小心翼翼地弄来了八棵柳树栽子、三十一窝沙柳。他下定了决心，费了种庄稼几倍的心机，一务艺就务艺活了。像沙里淘金，他自然喜欢。从此他一年栽他百来棵树，今年死了，明年补栽，前后一直栽了十八年。

白云瑞，看样子就知道是个干净利落的庄稼人。像一棵树一样，细高挑身材。他不吸烟，不喝酒，他讲究卫生。家里地扫得很干净，东西放得整整齐齐。窗户就是冬天也留了窗眼，流通空气。他说从前有一个医生告诉他：病有三种（自然不止三种）：鼠疫、瘟疫、虎疫。三种病都是吸了肮脏空气生出来的（那时没谈细菌传染）；从那以后他就把窗户留了洞，窑洞里里外外都保持空气的清新。他家里厕所离住窑三十步，猪圈驴棚也隔得远远的，都经常打扫，垫土，让猪羊牲畜不生疾疫。

他爱树也像爱家人爱牲畜一样。栽种时选苗，选地，选栽种时令。柳树选那皮带嫩绿、没有斑点裂缝、没有黑心的头次落椽的栽子。因为苗嫩水分大，地干也能补救。埋的深浅，要看栽子的高低。山地鸡蛋粗的低栽子比高栽子好。能栽两季：春天清明前后（前十天比后十天好）、秋天立冬前后（后十天比前十天好）。沙柳、毛乌柳、家柳要压梢，梢梢是肥些嫩些的好。地挖尺把深，先撩老土，后填新土。白杨、青杨要带根刨，不带根栽不活。水桐高栽子顶上要留三四根细梢枝。椿树起圪垯（打苞发芽）再栽。桑树栽条子。榆树种榆钱（拣那透熟的，滚胖的）。桃杏种核（要秋里种，春里种往往沤坏了不出）。月牙树多久也能栽。龙柏梢春上栽，栽一棵活一棵……树栽活了，白云瑞保护它：怕牲口啃，他就在栽子上捆棘针，涂猪血狗屎，抹黑烟子。怕枝枝丫丫不成材，他就科抚：春季树未发芽，科的槎子一年可以长光，没有疤痕；秋分寒露前后科的树，枝叶可以喂羊。为了树长得舒妥，长得旺，他常把树间的土地务得又熟又松。春天犁一遍，锄几遍，把杂草弄得干干净净。"地荒了，树也不愿意活。"他说。下了雨他就栽树，不下雨他就给树根培土，务庄稼以外的空闲时间，你老见他在树行里转来转去，摸摸这棵树，又看看那棵树，手里不是斧头就是锄头，有时连饭都忘了吃。人们说他"爱树成癖"。

整年整月地忙碌在树林里，白云瑞身体健康，精神也愉快。他能唱一口好秧歌。他不识字，却能自编自唱。一唱唱它个半清早都显不出疲劳。年年春节，为了吸引哈哈马马的人（不务正的邋遢人）不去赌博，他和村里郭光刘搭伴搞社火，常走遍全乡，受到大家欢迎。他们唱些戒赌、生产、教学好的曲调，演查岗、放哨、送公粮一些急公好义的故事，都收到很好的成效。今年边区号召长期建设，他用"打宁夏"的调子立刻编了一支歌，传唱在乡里。又用《张先生拜年》的调子编了《抗日军民歌》。最近又编了《三大盛会》《妇女卫生》。他编好怕忘了，就请识字的人替他记下。他是又朴素又有文采的人。

他为人正派。火焰山缺柴，缺木料。闹木料须得到五六十里地以外的友区去。而他这一乡又差不多都是东边的移民，没有基础。于是在庄里庄外要栽树的人就来问他："我们能栽不能？"他回答："咋不能栽，我刚科好了一些栽子，你拿几棵栽去。"他还很仔细地告诉他们栽的方法。秋雨连绵的时候，有的人家房子塌了，来向他借椽，他说："借啥哩，要用就拿几根去用吧。"这样你两根我两根，你两棵他两棵，科百来条椽，截二三百棵栽子，一闹就闹得光光的。有人向他说："椽要五百元一条，栽子要百五一棵呢，你干吗不要钱？"他笑笑："'上山擒虎易，开口借人难'，一道山就只我有树嘛。"这样，闹箩圈的，闹连枷、镢柄、杈子的，都到他家来。一般舆论说："没见过这样好说话的人，只要开口就给人家东西。"他种了半亩家柳，不等自己割，人家就来割净了。割了去编筐编篓。王仲恩说："今年割了，明年就不割你的啦，我种的明年就能用了。"白费力，不赚钱，他婆姨嫌麻达；他解释说："挨门挨户要钱，咋好意思？真要起钱来，树木也不一定保得住。再说咱也不是没有吃穿的人家。不如提倡大家种树，送个一年两年、三年五年，只要大家都有树了，还要你的？那时家家有了柴烧，家家有了木料，还可以多养羊，多积粪，多打粮食。"俗话说："多种一棵树，多养一只羊。""少烧一升粪，多收一升粮。"这些是他提倡种树的最好方法，也是他和睦乡里、团结群众的秘诀。

他送给赵三树栽，赵三出远门回来就送他三两冰片。早年里因家务事曾和他打过官司的亲戚，自动上门同他和好起来。村行政主任刘万祥，因为送树不要钱，路上碰见老远就打招呼，拉他家去吃饭。小学教员高攀的小孩没奶吃，他借一只母羊给他吃羊奶，高攀就到处宣传他的好处。是这样，他被全乡拥护，当选了植树和卫生英雄。

对劳动英雄这个光荣的称号，最初他还认识不够，用他自己的话说，是"思想没有搞通"。他觉得一个人种三十来垧地，养一群羊，务艺那么一片树木，太忙了，没有工夫；家里有七十五岁的老母亲，一个婆姨，娃又小，男的九岁，女的才七岁，实在也离不开家。而且树木虽务艺了一些，但算得了啥成绩？乡上选他，他和村长吵了三架。县上孙树桐提他的名字到分区，使他急得"美美地出了一身水"。可是，在县上他得了一顶英雄帽、一张锄头的奖励；在分区罗专员奖他了一件宽宽大大的毛呢大氅。走到哪里，哪里摆酒筵，奏鼓乐，已经使他感到兴奋光彩。特别到了延安，在劳动英雄模范工作者代表大会上，听了主席的报告，参加了小组讨论，会见各地的英雄，听了英雄们的生产成绩和为建设边区发展边区的一片赤诚和信心，他的脑筋一下就给转过来了，眼光也放远了，才真正认识劳动英雄是花钱买不到、修行修不来的无上荣耀。

"自己好算啥呢？我要把我那一点点种树经验宣传到全县、全边区，使家家有树，处处成林！"

一九四三年十一月

雷雨里诞生

一九四九年新中国成立前夕的那一个"七一"，是一个喜庆的日子、雷雨里诞生的日子。

广泛群众性的庆祝大会，是晚上在先农坛体育场举行的。第二天全国文代大会要在怀仁堂开幕。扬子江南北，万里长城内外，参加过十四年抗日战争又三年解放战争的文艺战线的战士正从各路会师，云集中南海、紫禁城。征尘点缀着笑靥，矜持掩映着狂欢，把酒畅饮，握手倾谈，谁都为艰苦斗争换来的胜利、弥天炮火赢得的和平，迸发着内心积压的喜悦和悲酸。"我们是没见过面的战友啊！""敌人造谣说你被活埋了，见鬼！你却活得比十多年前还年轻！"熠熠骄阳当头，猎猎红旗飘舞，崇高的理想实现了！

文艺工作者七百多人，傍晚集合在红墙绿瓦的天安门前。这里，清朝末年演过"公车上书"，一九一九年发生过伟大的五四运动，"五卅"时，举行过游行示威，还有"一二·九"轰轰烈烈的学生运动……飞跃前进的时代步伐，潮流震撼中外。但是，浩浩荡荡的文艺大军，庆祝"七一"，更迎接一个崭新的世界，却是四分之一世纪中的头一次。长长的二路纵队蜿蜒行进在正阳门大街，自成行伍。从根据地来的，保持着工农兵的朴素作风，来自新解放区的，争着摆脱旧社会的因袭，共同的愿望是向劳动人民看齐。有的是老朋友，有的是新相识，仰慕，学习，形成一派团结融洽的气氛。记得我的同伍是京剧著名演员程砚秋同志。程派抑扬婉转、柔里有刚的剧艺唱腔，和他光艳照人的闺秀装扮，在当学生的时候，我是爱慕者。在日寇侵略期间，他决心不演戏，留起髭须，隐姓埋名，到乡村种地，高洁的民族气节，更引起我的崇敬。这次列队同伍，简直是奇遇。

那次旷古没有过的聚会，对谁不是奇遇呢？队伍从金水桥边出发，走过十里长街，直到登上体育场阶梯看台，大家都是肩并肩前进，肩并肩落座。各有各的技艺短长，各有各的曲折道路，为了共同的革命目标走到一起来了。彼此谈话不多，心头却都翻涌着新天地的欢乐，并逐渐形成抒发这种欢乐的共同曲调、语言。

不过，队伍还在行进的时候，天空就布满了乌云，苍然老城被压得透不过气来。战友们随时都警惕着暴风雨的来临。果然，我们刚刚在看台上坐下，闪电划破浓云，格隆隆一声霹雳，瓢泼大雨就劈头盖脸倒下来了。对满场的群众都是难以幸免的袭击。但是，没有谁发命令，也没有谁出来维持秩序，上万人的集会竟很少有人挪动，更少有人站起来跑到哪里去躲躲、避避。听不到喧闹，听到的只是一片雨声。这时候，人们在想什么呢？在想：大会就要开始了吧？电光是照明，雷声是礼炮。会场气氛一下进入了高度的肃穆昂扬，人们的精神也更加抖擞奋发。

看看邻座，雨水从头浇到脚，看不出有谁有半点畏缩。像树木、庄稼，越浇越青翠，越旺盛。在这大自然的洗礼中，人不禁引起自豪和骄傲。默默地想：这就是革命队伍应有的英雄本色。

雷雨来得很猛，去得也很快。大约二十分钟，突然雨停了，云散了，换来一碧晴空。晴空挂起的是皎洁的明月。

一会儿，体育场中心，秧歌队敲起锣鼓出场了。团体舞翩翩挥动起打湿了的红绿彩绸。小学生像带露的花枝在做操、唱歌。全场顿时欢腾起来。填满人群的圆形体育场仿佛在跟天上的明月比团圆，比光辉。玉兔、嫦娥，"高处不胜寒"，怎比得人间的胜利、欢乐？

正是这时候，《东方红》乐曲响了，毛泽东同志由周恩来、朱德同志等陪同走上了主席台。已经是夜里，那时没用探照灯，在几盏煤气灯光的照耀下，人们清楚地看到了他们魁梧高大的身影。毛泽东同志挥手向全场群众招呼，像新中国成立后二十六年每逢盛大节日在天安门城楼向集合在广场的群众招呼一样，群众同报以热烈的鼓掌、纵情的欢呼。

"七一"，正是雷雨里诞生的。记忆里，毛泽东同志没有讲很多话，印象最深的是：当群众齐声高呼"万岁"的时候，毛泽东同志亲切地回答了"同志们万岁！"群众爱戴领袖，领袖热爱群众，心心相通。崇高的感情，两个"万岁！"充分表达了。

宏伟，热烈，震天撼地的场面，不知曾留下实况录音没有？落雨，夜间，摄影是困难的。若是曾留下录音的话，真希望每逢党的节日，都向群众演映放送。在一千一万个地方，演映放送一千次一万次。

雷雨里诞生，不只说那次庆祝会，那是战斗的党的象征，是艰难缔造的新中国的象征。郭老当场朗诵的诗篇正是：

新中国啊！
你这伟大的巨人！
……

选自《战地》一九七九年第四期

我所知道的老艾同志

出于亲切、诚挚，大家称呼艾思奇同志为"老艾"。这样称呼的时候，在我更是常常想到艾思奇同志对人诚恳、处事稳健、意志坚贞、革命热忱等种种品德的。毛泽东同志说过："老艾同志不是天下第一个好人，也是第二个好人。"

二十世纪三十年代初期，当《大众哲学》成为知识青年学习哲学的必读书的时候，老艾同志才二十几岁。那本书像在读者心里点了一把火，引起许多青年对学习马克思主义发生了炽烈的兴趣，使他们初步认识了什么叫观念论、唯物论，什么叫形而上学、辩证法。那本书引谚语、成语，用通俗的文字，采取谈话、讲故事的体裁，使抽象观念趣味化；生动，形象，浅显易懂。把哲学从神秘玄妙的宫殿里拉向了十字街头、日常生活。后来知道，老艾同志曾于一九二八年初到日本上福冈高等工业学校。在日本为了自修马列主义哲学他学了日文，又自修了德文、英文。"九一八"事变后，他痛恨日本帝国主义侵略，愤然回国，决心参加革命斗争。一九三三年，老艾同志在上海参加当时党的一个外围组织"社会科学家联盟"，在《正路》杂志上发表了他第一篇哲学文章《抽象作用与辩证法》。隔年担任《读书生活》杂志的编辑，给这个杂志每期写一篇《哲学讲话》，到一九三五年年底，把这些《讲话》集成单行本出版。单行本印行到第四版的时候，改名为《大众哲学》。对辩证唯物主义哲学作通俗的阐述，这本书是大胆的尝试。纸贵洛阳，影响很大。抗日战争初期印行到第十版。那时进步的知识青年谁不知道《大众哲学》呢？而且提到《大众哲学》就想到艾思奇。书名和作者的名字几乎成为同义语。不久，又出版了"他的著作中更深刻的书"——《哲学与生活》。无疑，他的著作对广大知识青年是指向马克思列宁主义哲学大道的一个鲜明的路标。作者名字的含义不就是热爱马克思、伊里奇吗？

一九三五年老艾同志加入了中国共产党。

我认识老艾同志是一九三八年初夏，在延安城里。那时他正给千多名抗大学员上露天大课。学员们坐在地上，各就膝头做笔记，既肃静整齐，又愉快活泼。灰色军装汇成的湖面上，阳光灿烂，微波荡漾。周围还站着一伙一伙衣着斑驳的听众，那多半是像我一样，刚刚到延安，像渴了找水喝，饿了找饭吃，由于慕名而鸷集旁听的。当时我曾想到了第一次国内革命战争后听鲁迅先生一次讲演的情形。

鲁迅先生那次讲演是一九二九年六月二日晚上在北平第一师范学院（即师范大学）风雨操场讲的。那时鲁迅先生在阔别三年之后从南方重返他生活、战斗过十四年的北京。先在燕京大学、北河沿北大三院和第二师范学院讲演，那是第四次。到执笔的今年，时间过去了整整五十年，他讲的一些片段我还记得很清楚。他说，一九二六年夏天逃出北京，原是由于遭到"正人君子"的诬害而奔向青天白日之下的……那是为了找革命。可是到上海的时候，革命还没来，说是在广州；当辗转到了革命的策源地广州，却听说革命北上了，那里已经变成了革命的后方；现在赶回北平，又听说革命成功了，天下已太平无事。所以，我始终没有遇到革命。不过世界究竟是大变了，"正人君子"和党国英雄"咸与维新"了。到处已由五颜六色的国旗换上了青天白日满地红，而且为清一色计，他们正在防止赤化和排除异端，甚至从红皮书到红嘴唇都被禁止了。自然这也是洋大人所希望的。难道不是"懿欤盛哉"的事吗？……一段话，把大革命因蒋介石叛卖而失败做了多么有力的总结啊！字字金石，铿锵有声。像弹丸一样射到每个听众的心里，在听众的心里激起炽热的感情：对大革命失败是沉痛，对反革命罪行是愤慨。言外更是无声的召唤：要革命胜利，必须在全国点燃燎原大火，掀起漫天风暴。正像《无题》诗里写的："心事浩茫连广宇，于无声处听惊雷。"那次鲁迅先生讲演的场面，真像烈火在燃烧一样，一直是热气腾腾的。不用说风雨操场里挤得水泄不通，就是讲台上、窗台上也站的、坐的都是人。还有因人多挤不进风雨操场，就簇拥在门口窗口外边的。

老艾同志讲课的场面，已经是鲁迅先生响亮的召唤变为十年后活生生的现实了。讲的内容是民族民主革命，火热的抗日战争，革命理论与实践的结合。老艾同志讲课非常认真，仿佛时时都在想把自己理解的真理完整地让听众也能同样理解。有讲稿，但不是照着念。声调不高亢，也不讲究抑扬顿挫，但明白流畅，娓娓动听。

散课后，我到他简陋的平房住室去看他，作了自我介绍。我比他大四五岁，算是老学生。他给我在纪念册上写了这样的话："团结全国为争取抗日最后胜利及建立自由幸福的民主共和国斗争到底。"艾思奇的题词表达了抗日民族统一战线和《论持久战》的精神。那天是马克思诞生一百二十周年。作为新学员我被编入抗日军政大学第四期一大队。到今天整四十年，想起来像昨天一样，这在我是值得纪念的。

从一九三九年五月起，在陕甘宁边区文化协会我们相处了三年。编《文艺突击》，筹备文化代表大会，接待从"大后方"先后到延安的文艺工作者，成立延安文艺界抗敌协会，都是在这个时候。

老艾同志身躯不是很高大，但非常敦实壮健。走路脚踏实地，一步一个脚印；坐下来像磐石那样镇定，仿佛摇撼也摇撼不动。说话不急不躁，平易近人。对人表扬或批评，都一样温文和蔼，没见他发过脾气。相处越久，彼此了解越深，"久而敬之"。遇到意外的什么事，他处之泰然，从不惊慌失措。记得在一次俱乐部的晚会上，有人为一件生活小事向大家搞突然袭击，把匕首从皮靴筒里拔出来，猛然往桌子上一插，嘴里嘟嘟囔囔，说什么"别怪我不客气！"大概有两三秒钟，空气紧张，全场默然。就在第三秒钟的时候，老艾同志在座位上从容地说："你这是干什么？有意见好好讲嘛！想吓唬谁？别看错了地方和时间。这里驻的是长征的英雄部队，大家在抗日。我们需要的是团结一致对付日本帝国主义，拿匕首对谁？"说着，用右手食指轻轻地一指，严峻地说"收起来！"三个字，声音不大，但斩钉截铁，无可抗拒。就这样，那食指指处昂着的头低了下去。从那以后，每逢遇到向党、向群众逞强梁、耍威风的人，我就常常想到老艾同志处理那次插曲的场面。

我们相处的时候，生产劳动老艾同志总跟大家在一起，他捻过线，种过菜。不过文化娱乐他却很少自动出节目，仿佛有点古板。可是很久以后听说，他在故乡昆明读中学的时候，很会讲故事，说笑话。为支援"五卅"大罢工，进行反帝宣传，还组织同学唱歌演戏，在男学校找不到女角，他甚至自告奋勇扮演易卜生名剧《傀儡之家》里的娜拉。一九二五年因"不安分"被云南军阀唐继尧追捕，那时他才十五岁。

老艾同志会游泳。在狄青牢崖下延河那处水深的地方，我们一道跳水，潜水，他的功夫最深。仰泳他能手叠脑后躺在水上。后来读《水调歌头·游泳》，我就常常联想那时的逸致豪情，只是"极目楚天舒"换成"极日秦天舒"罢了。他四十多岁练溜冰，锲而不舍，五十岁可以滑"燕飞"，那花样不容易。老艾同志更富于深沉的精神生活，喜欢音乐，一个人用浑厚的嗓音唱《伏尔加船夫曲》，唱得很有感情。长年写在座右的是这样一些话："实事求是"；"劳谦"；"博学之，审问之，慎思之，明辨之"；"鸢飞于天，鱼跃于渊，言其上下察也"。而自己都是照着实践的。

老艾同志除了从事哲学著述研究而外，对文学也是爱好的，并且有深湛的造诣。我很喜欢他从德文海涅原著翻译的《德国——一个冬天的童话》，流丽，押韵，保持了海涅诗歌的隽永幽默、情感炽热的特点。我学习翻译的《波罗的海》就是从老艾同志收藏的一种海涅诗歌英译本翻译的。在延安抗日战争年代里他主动借给我那本书又鼓励我翻译它，那是治学中无私的帮助，令人至今深切地怀念。《波罗的海》译稿清样，我寄请他校订，他立刻复了信：

"谢谢你寄来的译诗集，庆贺新中国出版了海涅的第一部译诗！我读了几首，我很喜欢它译得自然！……

"很可惜的是，不论德文原文，以及英译本，在延安撤退时都丢弃了！这是很大的损失。但当时的情形，不容许避免这样的损失，所以我不能帮助你完成愿望，这是很难过的！

"有空盼望常常通信！"

信是从北京马列学院寄到长春东北大学文学院的，那是一九四九年三月二十六日。

到北京以后，只要有机会我总去拜望老艾同志。无论分手多久，他待人的热情诚恳始终不变。而生活上的艰苦朴素，也永远保持着延安时期的优良传统。最初，他跟王丹一同志在颐和园附近住两间小房子。房子里除了书桌和木板床，地上堆的都是书。一次，他一个人在洗衣服，见面急忙擦手招呼。热天，他招待我吃西瓜，连切两个嫌不好，又要切第三个。依旧像住窑洞的时候一样，木炭火上煮红枣，哪怕只有半搪瓷茶缸，他都拿出来给大家享用。

等到一九六三年，我到中央党校学习的时候，老艾同志是副校长。他住的楼房虽然是通明敞亮的，但除了更多的中外图书和半导体收音机，却很少增添新的家具什物。从宿舍到办公室他喜欢骑脚踏车。经常散步到我们学员宿舍。不讲阔气，不摆架子，看不出进城二十年一般人所常有的那种变化。跟同志们谈的也是土地改革的经验，蹲点调查，搞公社化运动、社会主义教育运动的收获。对安徽宿县那次土改，他说："这次下乡住了四个月，对我来说，是有生以来第一次真心同农民生活发生密切关系。时间虽然很短，给我的教育却很大。"而后他又三次到农村参加实际工作。

老艾同志著作很多，成部的书二十余种，文章和讲稿近三百篇。六十年代初期他主编的《辩证唯物主义历史唯物主义》是高等学校的文科教材，比较系统地准确地阐述了马克思主义哲学的基本原理，批判了唯心主义和形而上学，特别是批判了现代修正主义，在广大读者中受到了欢迎。只是十多年来遭受"四人帮"的禁锢封存，直到"四人帮"被粉碎后才得重新再版。今年印的《胡适实用主义批判》和《批判梁漱溟的哲学思想》两书，是他二十多年前写的，对当前肃清唯心论和形而上学的流毒，仍有现实意义。老艾同志谦逊敦厚，从不因富于著述而炫耀自满，有的野心家因为他有社会影响而嫉妒他，他却从没把自己的声誉和影响作为个人捞取什么的资本。

老艾同志治学，刻苦勤奋，实事求是，对于在科学工作中玩弄江湖骗术的资产阶级作风，深恶痛绝。"四人帮"形而上学猖獗，大搞片面性，把新中国成立后的十七年在毛主席革命路线指引下所取得的辉煌成就说得一团漆黑，有个时候连"一分为二"也不能说。有人甚至把"有一分为二的思想"作为罪名向"四人帮"告黑状。有人顺风叫喊："十七年是修正主义统治，我们是犯了错误的，不能一分为二。"那时多么希望有老艾同志那样捍卫唯物辩证法的马克思主义者，无产阶级忠诚的战士奋勇出来对"四人帮"炮制的种种谬论给以粉碎性的打击啊！

　　老艾同志原名李生萱。先人为蒙古族。在云南腾冲和顺乡有他祖辈居住的遗址，门前以有两株古老的杉树闻名。父李日垓，京师大学堂第一期学生，攻读中国古典哲学，同盟会员，当过蔡锷护国军的秘书长，起草讨袁檄文。只是这些我从未听他自己谈过，而他早年离家后也再没回过故乡。

一九七八年五月九日草于西苑

选自《社会科学战线》一九七九年第三期

天　涯

访问海南岛的农场，我们路过了"天涯海角"。

唐朝宰相李德裕从潮州司马再贬崖州司户，曾有《登崖州城作》："独上高楼望帝京，鸟飞犹是半年程。青山似欲留人住，百匝千遭绕郡城。""天涯海角"就属古崖州。想象里那是很遥远的地方。

二十世纪八十年代第一春到"天涯海角"，我们是带着兴奋的心情的。快步走过一段沙石路，迈下海边并不修整的石台阶，迎面是一座半圆不方的巨大青灰色岩石，像海门的天然屏风。岩石上刻着郭老的三首诗，第一首诗的开头说："海角尚非尖，天涯更有天"，概括而又明确地告诉了我们眼前的实际情况。我们来自辽阔的山河大陆，面前又是无边的碧海汪洋。哪是天涯，哪是海角呢？人，依然屹立在天地间水陆紧连的地方。一念突兀，感到时代的伟大、做人的骄傲了。论时令，正是冬季，北国飞雪纷纷，出门要戴皮帽，穿靴鞋，在屋里也要生炉子，烧火墙；这里却是炎炎的烈日当头，穿短袖衫，摇葵扇，还是汗流浃背，最好是跳进大海里游泳，冲凉。看来"小小寰球"的确嫌小了，几个小时飞机就飞过了寒温热三带，而祖国是辽阔广大的。"天涯海角"也还是被包围在我们广漠的陆海中间。

在岸上，椰林凌霄；看海里，巨浪排空。"波青湾面阔，沙白磊头圆"，又是郭老的诗写出了这一带的壮丽景色。天然啸聚在这里的磊磊奇石，像石林，像岩丛，青黝黝，圆滚滚，熊蹲虎踞，姿态万千。有的更像金水桥边的石狮子，坐镇南天门，气势雄伟，万钧巨力也难撼摇它一根毫毛。在一尊独立的圆锥形高大的岩石上，不知什么年代刻有"南天一柱"四个遒劲大字，看上去真有点像独支苍穹的样子。想到共工氏"怒而触不周之山，天柱折，地维绝"的远古年代，"女娲炼五色石以补苍天，断鳌足以立四极"，这可就是那时的遗物吗？不禁令人追慕宇宙洪荒世纪、原始巨人开天辟地业绩的宏伟了。

旅伴告诉我当地传说的一个神话故事：很久以前，从南来的贼船，抢掠渔民，霸占了停在海湾的渔船，欺压得渔民无家可归。忽然一只神鹰，在高高的天空，展开云幕一样的翅膀，撒下一阵巨大的圆石，把贼船砸个粉碎，挽救了渔民。那些圆石就至今散乱地留在海湾的沙滩上，成为千年万年惩罚侵扰渔民的贼船的见证。

《崖州志》记载：清朝雍正年间知州程哲在海湾一块巨石上面南写了"天涯"两字。"天涯"两字我看到了。上下款也刻了"雍正""程哲"的字样。但是心里想：雍正年间离现在才二百五十来年，恐怕不是"天涯"命名的开始吧。就书法说，程哲的字笔力也太弱了。跟巨石比起来显得太小，跟海天的气势更不相称。站在退浪的平沙上，趁一时兴奋，不自量力，弯下腰去，伸出右臂，用手作笔奋力在沙上也画了"天涯"两字。像做了一番不朽的事业，自我欣赏。字画在沙上，豪情刻在心里。不想字刚画好，一层海浪滚来把沙上的字抹掉了。激浪冲沙，洗刷得很彻底，"天涯"已了无痕迹。这时涛声杂着笑声，一齐袭来。抬头寻笑声看去，是十多个男女青年海军把自己围上了。个个伸出大拇指，连声叫"好！"原来他们正在赞赏沙上篆刻、五指书法呢。大家一一握手。谈起来知道他们都是上海初中毕业生，去年入伍，驻地不远，是趁星期天到"天涯海角"来逛逛的。谈得投机，兴致都来了，邂逅相遇，立刻成了忘年交。

看他们朝气潮涌、英姿焕发，不禁还伸了拇指，回敬他们以祖国南大门的卫士，真正的当代神鹰。

在旁边亲眼看到这一幕热闹场面的另一位旅伴，一时心热起来，便即席赠诗，诗的中间四句是："手书'天涯'沙滩上，大海惊喜急收藏；后人到此不见字，但闻涛声情意长。"表达了大家的欢快情怀。字画在沙上，只能是海市蜃楼的倒影，是会瞬息即逝的。还是学自己喜爱的德意志诗人亨利希·海涅吧。他在《宣言》里抒写：

我用有力的手臂从挪威的森林里
拔下那最高的枞树，
深深地把它浸入
爱特纳炽热的喷火口，
然后，用蘸着烈火的巨笔

我写在黑暗的天上……而是洋溢在内心里的真实的颂歌。从此，在天上闪耀着那燃烧的永不消灭的火字，而所有旅居异乡的游客和最远的一代代的子孙，都将欢呼地读着那天上的颂歌。颂歌的最强音，燃烧得最红的火字是："可爱的祖国"！

贪着畅怀遐想，海滩再里边另一尊岩石上还写着"海角"两字，我却失掉了欣赏的机会。归途被旅伴讥笑说："不远万里来海南岛，却只看了'天涯'，而没看到'海角'。"自己也真感到有些愧悔。幸而在海边跟旅伴一道奔驰游赏的时候，争着拾得了一些贝壳、海石花和玲珑透剔的上水石。带回首都，凭回忆和想象我要精心设计一盆盆景，放在座前案头，天天纵怀神游。盆景题目一定写全称："天涯海角"。

选自一九八〇年三月二十一日《人民日报》

出发点

队伍出发。

嘉陵宝塔的影子慢慢落在了后边，延安远了。走在路上的人心情可会是沉重的吗？不。多少年大家庭的红火生活，受奶汁样延河水的哺乳，受脂肪样深厚黄土层的庇荫，人最是硬朗的、矫健的。并非淡于感情，没什么留恋，而在留恋所浸染成的不是忧郁，不是小心地低徊过去罢了。更热衷的是放大眼光奔上辽阔的前途啊。从延安伸出来的路是长的哩！有老百姓的地方就有通延安的路。那是坦荡的大路、四通八达的路、人民的路。

帕米尔是世界的屋脊，多少山脉从那里绵延起伏；奥林匹斯为众神所居，希腊神话记载着那里开始扮演的美丽故事。树有根，水有源，太阳辐射光、热：延安，正是这样一类的地方，它是光明的灯塔，革命之力的发动机，新中国的心脏。它是一个圣地。这个是属于人的，特别是中国人的。从这里它要一步一步了结从有阶级以来中国人所遭受的孽障，它要粉碎千百年来的锁链与桎梏，解放所有被压迫、被剥削、被奴役的人们。走延安这条路的人有福了。

延安有两面旗子：一面是民主，一面是自由。在这两面旗子底下，人人都有衣穿，有饭吃，有书读，有事做。过年过节，春秋佳日，人人都有机会看戏、闹秧歌，进行各种各样的娱乐。这里穷人都翻了身，富人也各得其所。买卖人有钱赚，因为出产丰富，家家商店都堆满了货物，而老百姓又都有买东买西盈囊的积蓄啊。工人，在这里问题不是失业，而是有着做不完的太多的工作。有的场合因而反感到劳动力的缺乏。

中国，有史以来，以延安为中心的西北高原，有过任何记载说这里是沃野千里、物阜民丰的吗？不，在从前，连范仲淹在《渔家傲》的词里都写过："千嶂里，长烟落日孤城闭。"那是很荒凉的。一眼起伏的土山，不是蓬蒿，就是梢林；曾很少热闹的城镇街市、鸡犬之声相闻的稠密村落。但自从这里有了民主，有了自由，面貌就焕然一新了。老百姓从自己当中选出公正热心的好人，组织各级政府，管理老百姓自家的事情；老百姓叫自己的子弟拿起枪，训练为子弟兵，又从而保卫自家的田园家乡。这样闾里太平，大家安居乐业，日子便可尽往美里过了。变工队，互助组，合作社："男子组织起来开荒种地"，"婆姨组织起来织布纺纱"，"娃娃组织起来拾粪拦羊"，大家一齐亲自动手，于是很多荒山，变成了良田；部队屯垦也将渺无人烟的南泥湾变成了水草肥美的塞下江南。"丰衣足食"，旧社会即在鱼米富饶区域亦谈何容易，但以延安为中心的陕甘宁边区一般人却都过的是丰足的生活。

"仓廪实而后知礼节"，延安，对勤于劳动，勇于战斗，善于工作的人都是尊敬的，都愿意拿他们作榜样，向他们学习。因此选举劳动英雄、战斗英雄、模范工作者往往成为热潮，成为风气；而刘玉厚、赵占魁、张治国便响亮在每个人的耳朵里，传颂在每个人的嘴巴里了。数千年封建社会，修庙，立碑，写成史传的，只有王侯将相、达官贵人；老羊皮，旱烟袋，铁头手能够题名上榜称"状元"的，是延安开始第一次，得非千古美谈？翻转来，也是从延安开始"改造二流子"！把好吃懒做、游手好闲，"球长脖子细，家里不趁二亩地"（故劳动英雄农民诗人孙万福语）的那些琉璃球、瘪三，都合以适当的帮助教育，使他们改邪归正，从事劳动生产。把社会的寄生虫改变为社会建设的一份力量。教死人复生，白骨生肉，世界医学仿佛还没进步到那种程度，但"改造二流子"这件事却是有着"生死人，肉白骨"的功效的。

有了民主，有了自由，人民还怕什么不到手吗？延安，革命的圣地啊，你给了人民以民主、自由，你就给了人民一切了。因此，延安是老百姓的家。哪地方有老百姓，哪地方的老百姓就向往延安、拥护延安；延安的力量到达哪里，哪里就有民主自由，就有幸福。老百姓呼"延安万岁！"从此出发，中国有了广大的解放区。有了一万万至两万万已经解放或正在解放着的人口。论自然条件，比延安更差的地方在解放区说来是比较少的。若以延安为榜样，假以相当时日，社会的繁荣，人民的幸福，将无穷无尽。因此我们要保卫解放区，建设解放区。从解放区出发，我们看得到全国。

从帝国主义侵略下解放，从封建势力压迫下解放，百数十年来革命先烈前仆后继地流血牺牲不必说了，只刚刚过去的十四年抗战，人民出的汗、流的血、遭遇的苦难，不就够写几部古今中外从来还没有过的悲壮史诗吗？一寸寸干净土地都是用鲜红的血液洗涤得来；筋骨累了停下来喘口气的那样一点点自由也曾必须抗拒千万次的鞭挞、千万次的辱骂才能获得。于今，我们老百姓能够敢于对脚下的土地、眼前的房屋、手边的锄、口边的饭，亲爱地叫一声"这是我们的！"了。假如就在这时候，竟有霸道的暴君，横眉竖眼地大声喝道："滚开！回到牛栏里去，回到猪圈里去！"同时把绳子套在我们脖子上，手铐箍在我们的手上，教我们再去过奴隶牛马的生活，老乡，咱们怎么办呢？像绵羊一样柔驯俯首听命吗？还是大家起来，即便没有刀也握起拳头，说："'老爷'别装蒜啦，皇历早换了多少年了！"给以有力的回击呢？不成问题，应当是后者。

拼着性命得来的东西是不能随便再丢掉的，哪怕是一牛、一犁、一寸土地！这警惕是无论什么时候都不能放松的。

现在我们急切要做的，是老百姓算清敌伪统治下的旧账，把敌人烧了的房屋从瓦砾堆里再修盖起来；使流离失所的人们回家，爹娘儿女得到团圆；村庄城市进入常态，建立革命秩序；更从而大家商议，减租，减息，土地改革，把荒芜了的田地好好耕耘，转动起城市里停开的机器，大规模发展生产，增加人民自己的财富。使大家过忙碌的但是饱暖的幸福生活。老乡，这样可好吗？这不是别的这是延安来的主张：和平建设。但和平是要有保障的；为保障和平，我们要精兵习武，好给那些说了话不算话，惯于偷偷摸摸兴兵动武破坏和平的人以迎头痛击。

事从延安出发，事是好事。人从延安出发，人是好人。

事好，因为是替老百姓办的。人好，因为是替老百姓办事的。

从延安出来，人们第一个记得"为人民服务"。替老百姓当勤务员。因为在那里的人不是神人，不是异人，也不是敕令自封的英雄豪杰。他们都是从老百姓中间来也还要回到老百姓中间去的平常人。有一点不同就是他们更有决心、更大公无私为老百姓办事。老百姓的疾苦就是他们的疾苦，帮老百姓求得解放，他们也跟着得到解放。"先天下之忧而忧，后天下之乐而乐。"除了老百姓大家的利益，他们是没有更多的私人利益的。他们为老百姓，相信老百姓，依靠老百姓。和老百姓一起，像鱼在水里。"三大纪律，八项注意"，是和老百姓相处中间最起码的信念。多少有名的政策，多少仁义的措施，直到通过联合政府，建立独立、自由、富强的新中国，没有一样不是为老百姓打算的。

有延安在，老百姓就有活路。

再喊啊："延安万岁！"

但延安有名，不在它那座随山迤逦筑就的石头城，而在那里是好人好事的出发点，那里是中国革命的总部。因为那里不只像范仲淹在嘉陵山下题的那样，"胸中自有数万甲兵"；论英勇，论士气，论保护人民利益不惜任何牺牲的精神，那里有不能以数目计算的军队。那就是八路军、新四军，和他们领导下随时可以武装起来的老百姓。那里住着的不是别的政党，而是永远和中国人民在一起的中国共产党。那里掌舵的不是别的人，而是中国人民的救星、人民的领袖——毛泽东同志。

毛泽东，像太阳；
照到哪里哪里亮。

这正是中国千万人的心声。

一九四六年一月十二日

课本里的作家

爱阅读
学生精读版
★★★★★

序 号	作 家	作 品	年 级
1	金波	金波经典美文：第一辑 树与喜鹊	一年级
2	金波	金波经典美文：第二辑 阳光	
3	金波	金波经典美文：第三辑 雨点儿	
4	夏辇生	雷宝宝敲天鼓	
5	夏辇生	妈妈，我爱您	
6	叶圣陶	小小的船	
7	张秋生	来自大自然的歌	
8	薛卫民	有鸟窝的树	
9	樊发稼	说话	
10	圣野	太阳公公，你早！	
11	程宏明	比尾巴	
12	柯岩	春天的消息	
13	窦植	香水姑娘	
14	胡木仁	会走的鸟窝	
15	胡木仁	小鸟的家	
16	胡木仁	绿色娃娃	
17	金波	金波经典童话：沙滩上的童话	二年级
18	金波	金波经典美文：一起长大的玩具	
19	高洪波	高洪波诗歌：彩色的梦	
20	冰波	孤独的小螃蟹	
21	冰波	企鹅寄冰·大象的耳朵	
22	张秋生	妈妈睡了·称赞	
23	孙幼军	小柳树和小枣树	
24	吴然	吴然精选集：五彩路	三年级
25	叶圣陶	荷花·爬山虎的脚	
26	张秋生	铺满金色巴掌的水泥道	
27	王一梅	书本里的蚂蚁	
28	张继楼	童年七彩水墨画	

序 号	作 家	作 品	年 级
29	张之路	影子	三年级
30	曹文轩	曹文轩经典小说：芦花鞋	四年级
31	高洪波	高洪波精选集：陀螺	
32	吴 然	吴然精选集：珍珠雨	
33	叶君健	海的女儿	
34	茅 盾	天窗	
35	梁晓声	慈母情深	五年级
36	陈慧瑛	美丽的足迹	
37	丰子恺	沙坪小屋的鹅	
38	郭沫若	向着乐园前进	
39	叶文玲	我的"长生果"	
40	金 波	金波诗歌：我们去看海	六年级
41	肖复兴	肖复兴精选集：阳光的两种用法	
42	臧克家	有的人——臧克家诗歌精粹	
43	梁 衡	遥远的美丽	
44	臧克家	说和做——臧克家散文精粹	七年级
45	郭沫若	煤中炉·太阳礼赞	
46	贺敬之	回延安	八年级
47	刘成章	刘成章散文集：安塞腰鼓	
48	叶圣陶	苏州园林	
49	茅 盾	白杨礼赞	
50	严文井	永久的生命	
51	吴伯箫	吴伯箫散文选：记一辆纺车	
52	梁 衡	母亲石	
53	汪曾祺	昆明的雨	
54	曹文轩	曹文轩经典小说：孤独之旅	九年级
55	艾 青	我爱这土地	
56	卞之琳	断章	
57	梁实秋	记梁任公先生的一次演讲	高中
58	艾 青	大堰河——我的保姆	
59	郭沫若	立在地球边上放号	